A German Course for Young People

Textbook 1

By
Hermann Funk
Michael Koenig
Ute Koithan
Theo Scherling

In cooperation with
Susy Keller
Maruska Mariotta

Langenscheidt

Berlin · Munich · Zurich · New York

By Herman Funk, Michael Koenig, Ute Koithan, Theo Scherling

In cooperation with
Susy Keller and Maruska Mariotta. English language edition: Joseph Castine

Editor: Lutz Rohrman
Layout: Andrea Pfeifer and Theo Scherling
Illustrations: Theo Scherling and Stephen Bennett (Die Clique)
Cover Design: Andrea Pfeifer using a photo from White Star, Hamburg

Authors and publisher would like to thank all of our colleagues who tested, reviewed, critiqued, and offered invaluable suggestions in the development of geni@l .

A German Course for Young People

Volume A1

Textbook A1	ISBN 3-468-96709-8
CD (Textbook A1)	ISBN 3-468-47554-3
Cassette (Textbook A1)	ISBN 3-468-47553-5
Workbook A1	ISBN 3-468-96710-1
CD (Workbook A1)	ISBN 3-468-47556-X
Cassette (Workbook A1)	ISBN 3-468-47555-1
Teacher's Handbook A1	ISBN 3-468-47552-7
Glossary German-English	ISBN 3-468-47560-8
Glossary German – French	ISBN 3-468-47561-6
Glossary German – Italian	ISBN 3-468-47562-4
Glossary German – Spanish	ISBN 3-468-47563-2
Test book	ISBN 3-468-47558-6
Video, VC Pal	ISBN 3-468-47567-5
Video, VC NTSC	ISBN 3-468-47568-3
CD-ROM A1	ISBN 3-468-47557-8

Symbols used in geni@l A1:

Listening text on CD or cassette.

Write this in your notebook.

This assignment primarily concerns itself with language form.

●●● These assignments go with the video.

The teacher handbook contains Internet Projects for this topic.

Please visit our homepage at **www.langenscheidt.com/geni@l**

Environmental note: printed on non-chlorine bleached paper

© 2003 Langenscheidt KG, Berlin and Munich
All rights reserved. No part of this book may be reproduced
in any form without the written permission of the publisher.

Printed by: aprinta-Druck, Wemding
Printed in Germany - ISBN 3-468-96709-8

Table of Contents

Fotos – Kommentare – internationale Wörter

1 Was ist das? Wer ist das?

7

8

6

Wer ist das?	Das ist Michael Schumacher.
	Das ist Mozart.
	Keine Ahnung.

| Was ist das? | Das ist ein VW / ein Ferrari. |
| | Das ist das Matterhorn. |

| Ist das Frankfurt? | Nein, das ist Berlin. |

Das Foto	ist	aus Deutschland.
		aus Österreich.
		aus der Schweiz.

| Das Foto | ist | schön/interessant. |

2 **Geräusche, Töne und Bilder – Was ist das? Was passt zusammen?**

Das ist ...

Keine Ahnung!

Hallo, wie heißt du?

3 Hallo, wie heißt du? – Hört und lest die Dialoge.

1
- ● Hallo, ich heiße Marco, und du?
- ○ Janine.
- ● Magst du „Zoff"?
- ○ Ja, und du?

2
- ● Hallo Luise.
- ○ Tag, Sophie, wie geht's?
- ● Danke, gut, und dir?
- ○ Auch gut, danke.

3
- ● Hi, Olli! Echt cool hier.
- ○ Oh, ja! Guten Abend, Herr Schmidt.

4
- ● Tschüs, Sophie.
- ○ Tschau, Frau Maier.

5
- ● Auf Wiedersehen, Herr Müller.
- ○ Auf Wiedersehen, Tom. Bis bald.

4 Übt die Dialoge aus Aufgabe 3 mit anderen Namen.

5 Ein Lied: Paule Puhmanns Paddelboot.

Gu-ten Tag, auf Wie-der - sehn! Gu-ten Tag, auf Wie-der - sehn!

6 Das Alphabet mit Musik üben.

A B C D E F G H I J K L M N O P Q R S T U V W X Y Z
Ä   Ö   Ü

a b c d e f g h i j k l m n o p q r s t u v w x y z
ä   ö   ß   ü

7 Die Clique – Dialoge hören und sprechen.

- ● Wie heißt du?
- ○ Wer, ich?
- ● Ja, du!
- ○ Ich heiße Cora, und du?
- ● Rudolf.
- ○ Und wer ist das, Rudolf?
- ● Das ist Turbo.
- ○ Wie bitte?
- ● Ja, sie heißt Turbo.
  Und wer ist das?

8 Wortakzent – Schreibt die Wörter. Hört zu und markiert den Wortakzent.

Marco – Cora – Turbo – Rudolf – Berlin – Müller – Luise – VW – Tennis – Musik – Schule –
Guten Morgen – Foto – Deutschland – Frankfurt

Marco – Cora

9 Wie bitte? – Namen buchstabieren.

- ● Ich heiße Rudi.
- ○ Xiao Lin.
- ● Wie bitte?
- ○ Xiao Lin.
- ● Kannst du das buchstabieren?
- ○ X I A O   L I N. Xiao Lin.
- ● Aha, tschau, Xiao Lin.

Internationale Wörter

10 Welche Wörter kennst du? Wie heißen die Wörter in deiner Sprache?

11 Zwei Zeitungsnotizen

a Betrachtet die Fotos und lest die Texte.

Erste deutsche Medaille bei den Paralympics

Nach einer sensationellen Eröffnungsfeier haben die deutschen Athletinnen und Athleten ihren ersten Wettkampftag bestritten. Insgesamt 7 Entscheidungen standen in den Sportarten Judo, Radsport, Sportschießen und Rollstuhlbasketball auf dem Programm. Dabei gewann Sportschützin Sabine Brogle mit 490,1 Ringen Silber und holte die erste Medaille für das deutsche Team.

Erfreut zeigten sich die Behinderten-Sportfunktionäre auch über die ausführliche Präsenz in den Medien. ARD und ZDF setzten mit ihren täglichen Sondersendungen ein positives Signal.

Computer für Jenaer Gymnasien

Jena (TWB) Jenaer Gymnasien werden ab September mit modernster Computertechnik ausgestattet sein. Die JENOPTIK AG sponsert in 9 Gymnasien die Ausrüstung mit aktueller Computertechnik und Software im Gesamtwert von € 180.000. Über die Bedeutung des Internets braucht nicht mehr diskutiert zu werden. Jetzt werden die Voraussetzungen für die Schüler geschaffen, täglich mit den neuen Medien umzugehen. Die SBI (System- und Anwendungsberatung für Informationstechnologie) Jena wird die Installation in den nächsten Tagen starten.

b Internationale Wörter – Was kennt ihr? Notiert die Wörter.

12 Lernplakat „Internationale Wörter" – Sammelt und macht eine Liste.

Sport	Musik	Technik	Essen und Trinken	Filme
Medaille				

13 Deutsch hören – Welche Wörter verstehst du? Notiere.

Personen – Informationen

1 Die Video-AG – Höre zu. Was verstehst du?

Ich bin Tanja Kaiser. Ich bin 13 und gehe in die Klasse 7a. Ich liebe Filme und ich mag auch Musik. Ich spiele Klavier und Flöte. Sport mag ich nicht. Ich mag Tiere, ich habe drei Katzen.

Hallo, das ist die Video-AG des Max-Planck-Gymnasiums. Ich heiße Monika Winter und ich bin 13 Jahre alt. Ich wohne in München. Ich habe viele Hobbys. Ich spiele Klavier und ich mag Sport: Ich spiele Tennis und ich schwimme. Und ich filme gern.

Mein Name ist Markus Krause. Ich komme aus Köln. Ich wohne jetzt in München. Ich fotografiere gern und ich spiele Fußball. Ich kann Spaghetti kochen und ich mag Musik. Am liebsten Jazz. Ich kann ein bisschen Gitarre spielen.

2 Informationen sammeln – Lest und notiert. Vergleicht in der Klasse.

Name: ... Hobbys: ... ☺ mag: ...
Stadt: ... Sport: ... ☹ mag nicht: ...
Musik: ... Tiere: ...

3 Und du?

Woher kommst du?

Wo wohnst du?

Ich mag ...

Ich heiße ...

Ich spiele ...

Wie ...?

Ich komme aus ...

Ich kann ...

Wie alt bist du?

Ich wohne in ...

Ich kann ... Wie heißt das auf Deutsch?

Boxen!

Personen vorstellen – Sie heißt Tanja

4 Lies und vergleiche mit Tanja in Aufgabe 1.

Sie heißt Tanja. Sie ist 13.
Sie geht in die Klasse 7a.
Sie liebt Filme und sie mag auch Musik.
Sie spielt Klavier und Flöte.
Sport mag sie nicht. Sie hat drei Katzen.

5 Verben markieren wir so:

Verbstamm / Endung

wohn / en	ich wohn / e	er/es/sie wohn / t
komm / en	ich komm / e	er/es/sie komm / t
spiel / en	ich spiel / e	er/es/sie spiel / t

6 Regelmäßig – unregelmäßig – Vergleiche die Verben.

schwimmen   ich schwimme   er/es/sie schwimmt
kochen   ich koche   er/es/sie kocht

⚠ mögen   ich mag   er/es/sie mag
⚠ sein   ich bin   er/es/sie ist

7 Stelle Turbo und Monika vor.

Das ist Monika. Sie mag ...

Sie kommt aus ...

Das ist ... Sie ...

Turbo
eine Ratte
Disneyland ☺
Spaghetti kochen ☹
schwimmen ☹
Katzen ☹

8 Wer ist das? Das ist ... – Ein Quiz in der Klasse

kommt	aus Frankreich / aus der Schweiz ...
wohnt	in Berlin / in Genf / in Paris ...
spielt	Tennis/Fußball/Gitarre ...
kann	Klavier spielen / singen / Tennis spielen ...
mag/liebt	Tiere/Pizza/Deutsch/Sport ...
ist	stark/schön/intelligent ...
ist	Sänger/Filmstar ...
	schwimmt gern / kocht gern / telefoniert gern ...

9 Projekt – Bringt Fotos mit und schreibt Texte wie in Aufgabe 4.

10 Sprachen und Länder – Woher kommen die Leute? Ordne zu.

| Nazywam się Dagmara i chętnie uprawiam sport. | Mi chiamo Marco e mi interesso di tecnica. | Ágotának hívnak. Szivesen megyek a diszkóba. | ¡Me llamo Pedro y me gusta ver la tele! |

Er/Sie kommt ...   aus Spanien / Ungarn / Italien / Polen ...
aus der Schweiz / Türkei / Slowakei ...

11 Deine Klasse – Wie viele Länder?

Ich komme aus Russland.   Ich komme aus ...

Aussprache – Wortakzent und Satzmelodie

12 Ländernamen – Höre zu. Achte auf die Markierung: kurz • und lang — .

Griechenland – Türkei – Spanien – Finnland – Österreich – Kanada – Schweden – Russland

13 Schreibe die Ländernamen. Höre zu und markiere kurz • und lang — .

Frankreich – Schweiz – Thailand – Slowakei – Deutschland – Italien – England

14 Lernplakat – Macht ein Aussprache-Plakat in der Klasse.

Spanien   Sport   Spaß
heiße   Haus   Hotel

15 Wörter und Sätze – Suche in Einheit 1 und 2 Sätze zu den Wörtern. Lies vor.

heiße – ist – mag – kochen – Katzen – danke – Ferrari – Foto – buchstabieren

16 Satzmelodie – Hört zu und sprecht nach.

1. Berlin. Ich wohne in Berlin.↘
2. England. Eric kommt aus England.↘
3. Turbo. Sie heißt Turbo.↘
4. Fred. Mein Name ist Fred.↘
5. Spanien. Dolores mag Spanien.↘
6. Deutschland. Fritz wohnt in Deutschland.↘

17 Wiederholen – Buchstabieren und Wörter raten.

Land
Name
Musik
Sport
Essen
…

Wer, was, wo …?

18 Der „www.rap" – Hört zu und singt mit.

Wer, was, wie, wo, woher?
Das ist doch nicht so schwer.
Was, was, was ist das?
Das ist Deutsch und Deutsch macht Spaß.
Wie, wie, wie heißt sie?
Sie heißt Ruth und sie fährt Ski.
Wer, wer, wer ist er?
Er heißt Paul und liebt sie sehr.
Wo, wo, wo liegt Bern?
In der Schweiz, da bin ich gern.
Woher, woher, woher kommt er?
Er kommt aus Wien, da kommt er her.

19 W-Fragen – Ergänzen, zuordnen und vorlesen.

1. Wo wohnt …?
2. Was mag …?
3. Wer spielt …?
4. Woher kommt …?
5. Wer … gerne?
6. Wer kann …?
7. Wer liebt …?
8. Wer hat …?

a) Monika wohnt in München.
b) Tanja hat drei Katzen.
c) Markus mag Musik.
d) Tanja spielt Klavier und Flöte.
e) Monika kann schwimmen.
f) Markus kommt aus Köln.
g) Markus fotografiert gerne.
h) Tanja liebt Filme.

> Wo wohnt Monika?

> Monika wohnt …

20 Informationen im Text – Notiert W-Fragen und fragt in der Klasse.

Die Clique

Die Fantastischen Fünf, das sind Boris, Biene, Cora, Rudi und die geniale Ratte Turbo. Heute präsentieren wir euch Sabine oder auch Biene. Biene ist 13 und kommt aus Hamburg. Ihr Vater heißt „Woody". Er ist aus New York. Biene mag New York und Hamburg. Biene mag Musik. Sie spielt Klavier, Flöte und Saxophon. Sie mag natürlich Turbo. Biene kann kochen. Tee, Kaffee und Spaghetti kocht sie besonders gut. Sie ist sehr schön und cool, sehr cool! Mag Biene Sport? „Sport, nein danke!", sagt Biene.

> Woher kommt …?

> Was mag …?

> Was kann …?

21 W-Fragen in der Klasse.

Wie heißt du?
Wo wohnst du?
Woher kommst du?
Was magst du?
Was kannst du?

2. Person: du

kommst
wohnst
bist
...

22 Lesestrategie – Informationen zu W-Fragen suchen.

Wie heißt der Junge?	(Name)	Was mag er?	(Musik)
Wie alt ist er?	(Alter)	Wo wohnt er?	(Stadt)
Was mag er?	(Sport)	Woher kommt er?	(Land)

Senden von Na... ...ich!

Senden Zitat Adresse Anfügen Optionen Rechtschreib. Sichern Sicherheit Stop

An ▼ 🖭 m.martinez@donx.fr

Betreff: Das bin ich!   Priorität: Standard ▼

Standard ▼ 12 ▼ ▦ A A A A ≔ ≔ ⊲ ⊳ ▤ ▼ ☞ ▼

Lieber Austausch-Freund!

Wie geht es dir? Ich heiße Andreas und bin 12 Jahre alt. Am 1. März werde ich
dreizehn. Ich freue mich schon sehr auf England. Ich bin blond und habe blaue
Augen. Ich habe gerne Spaß und bin fast nie schlechter Laune - außer am
Morgen.
Meine Hobbys sind Eislaufen, Skifahren, Schwimmen, Badminton, aber am meisten
mag ich Reiten. Ich bin auch gern mit Freunden zusammen. Wir gehen ins Kino
und haben viel Spaß. Ich lese auch manchmal gern, aber meistens habe ich keine
Zeit.
Welche Musik hörst du gerne? Ich mag Will Smith, Mariah Carey, Christina
Aguilera. TLC, Eiffel 65, Lou Bega, Puff Daddy und viele mehr.
In unserer Schule müssen wir keine Uniform tragen; nur bei speziellen Anlässen.
Wien ist wirklich cool. Es gibt hier immer etwas zu tun. Wenn du nach Wien
kommst, wirst du viel Spaß haben!
Schreib mir bald. Ich freue mich, von dir zu hören.

Andreas

Thema „Schule"

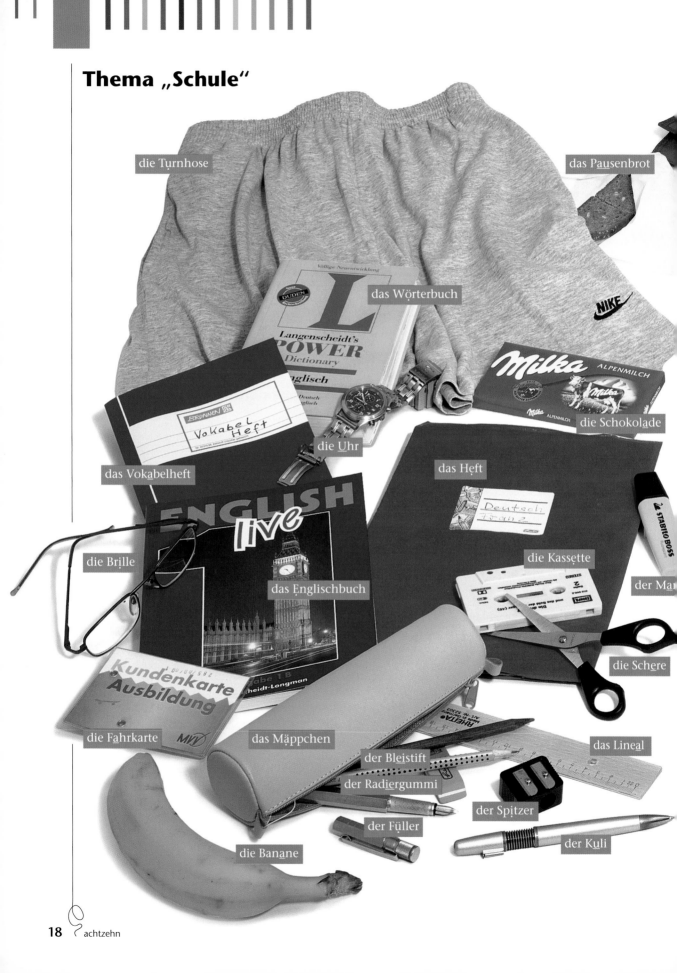

die Turnhose

das Pausenbrot

das Wörterbuch

die Schokolade

das Vokabelheft

die Uhr

das Heft

die Brille

die Kassette

das Englischbuch

der Mar...

die Schere

die Fahrkarte

das Mäppchen

das Lineal

der Bleistift

der Radiergummi

der Spitzer

der Füller

der Kuli

die Banane

der Geldbeutel

die Schultasche

der Discman

die CD

das Handy

17

1 Die Schultasche – Hört zu und zeigt die Gegenstände. Sprecht nach.

der Bleistift

der Bleistift

der Bleistift

2 Gegenstände in der Klasse – Frage deinen Lehrer / deine Lehrerin.

Wie heißt das auf Deutsch?

Tafel, die Tafel.

3 Das Wörter-ABC

Ein Wort mit B.

B..., B..., Bleistift – der Bleistift!
Ein Wort mit S.

Sch...

Ja/Nein-Fragen und Antworten

13 *Ist das ein/eine … ? – Fragt in der Klasse.*

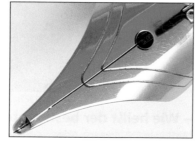

- Ist das eine Schere?
- ○ Nein, das ist …

- Ist das ein Kuli?
- ○ Nein, das …

- Ist das ein Lineal?
- ○ Ja, richtig!

14 **Noch mehr Fragen – Was stimmt?** *– Ja – Ich weiß nicht – Nein.*

Kann Biene schwimmen?

Ja.

Ich weiß nicht.

Nein.

Spielt Boris Fußball?   Kann Cora kochen?   Liebt Biene Boris?   Kann Rudi Klavier spielen?

15 **Lernplakat: Fragen und Antworten** – Sammelt Beispiele.

W-Frage		Wo	wohnt	Peter?
Antwort		Peter	wohnt	in England.
Ja/Nein-Frage			Peter	in Italien?
Antwort	Nein,	Peter		…

16 *Ja* oder *nein*?
a Mache eine Liste wie im Beispiel. Höre zu, lies die Fragen und kreuze an.
b Macht dann eine Statistik in der Klasse.

1. Kannst du kochen?
2. Magst du Mozart?
3. Spielst du Fußball?
4. Hast du ein Fahrrad?
5. …

	1	2	3	4	5	6	7	8	9	10	11	12
Ja	11											
Nein	1											

Kannst du kochen?

17 Ein Spiel

Wohnst du in Berlin?

Nein. Wohnst du in London?

Ja ... Mist.

18 Keine Zeit –
Spielt in der Klasse.

Keine Zeit! *Kein Geld!* *Kein Interesse!* *Keine Lust!*

Wer kommt mit zum Konzert?

Die Goetheschule in Kassel

Goetheschule

Gymnasium für die Klassen 5–13
www.goetheschule-kassel.de
Ysenburgstraße 41
34125 Kassel
Tel.: 05 61/87 10 49
Fax: 05 61/87 10 40

Goetheschule Kassel
Gymnasium

Der Eingang

Direktorin: Margitta Thümer
1050 Schüler/innen
52 Klassen/Kurse
74 Lehrer/innen
Unterricht: 8.00 bis 13.15 Uhr

Arbeitsgemeinschaften

Chor
Orchester
Schulzeitung
Informatik
Foto
. . .

Der Fotokurs

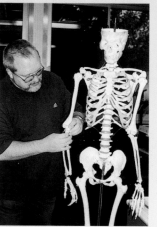

Unser Biolehrer

12 Sport-AGs

Beispiele:
Basketball
Fußball
Judo
Rudern
Schwimmen
Volleyball
. . .

Die Ruder-AG

1 Das verstehe ich: Wörter sammeln, in der Klasse diskutieren.

2 Fragt in der Klasse. Die Homepage informiert.

Wie viele Schülerinnen gibt es?
Wie viele … ?
Wo ist die Schule?
Wie heißt die Stadt?
Wie heißt … ?
Gibt es ein Orchester?
Gibt es … ?

3 Eine E-Mail – Lies den Brief. Welche Wörter kennst du?

Senden von Nachricht: Hallo

Senden · Zitat · Adresse · Anfügen · Optionen · Rechtschreib. · Sichern · Sicherheit · Stop

An ▼

Betreff: Hallo   **Priorität:** Standard ▼

Standard ▼ 12 ▼

Liebe Freunde,
die Fotos sind von der Homepage meiner Schule. Sie zeigen den Eingang, den Fotokurs, die Ruder-AG und einen Biologielehrer. Es gibt auch eine Cafeteria.

Die Goetheschule hat über 1000 Schüler. Alle Schüler lernen ab Klasse 5 Englisch. Ab Klasse 7 können wir Französisch, Latein oder Russisch lernen. Alle Schüler müssen zwei Sprachen lernen. Der Computerkurs beginnt in Klasse 8. Ab Klasse 9 können wir noch eine Sprache lernen. Wir können aber auch Biologie, Physik, Musik und Kunst wählen.
Am Nachmittag gibt es viele AGs (Arbeitsgemeinschaften) und Projekte, zum Beispiel: Chor, Orchester, Schulzeitung oder Sport. Die Ruder-AG ist spitze!
Die Schulzeitung heißt „Umlauf" (www.umlauf.de). Auf der Homepage findet ihr alle Infos. Wie viele Stunden habt ihr? Wie viele Schüler habt ihr? Wie lange habt ihr Schule? Könnt ihr Fächer wählen? In Klasse 7 haben wir am Nachmittag keine Schule. Hier ist mein Stundenplan:

ZEIT	Montag	Dienstag	Mittwoch	Donnerstag	Freitag
8.00		Sport ☺ ☺	Kunst ☺	Mathematik	Mathematik
8.50	Bio ☹	Sport ☺ ☺	Kunst ☺	Französisch	Englisch
9.50	Mathematik ☺	Bio	Französisch	Deutsch	Religion
10.40	Französisch ☹	Mathematik	Englisch	Physik	Deutsch
11.40	Deutsch ☺	Englisch ☺	Deutsch	Englisch	Französisch
12.30	Physik ☺	Religion ☹ ☹			Französisch
13.15	Mittagspause	Mittagspause	Mittagspause	Mittagspause	Mittagspause

Herzliche Grüße,

Janine

Am Samstag und Sonntag ist schulfrei.

4 Schulfächer – Hört zu und sprecht nach.

Biologie – Chemie – Mathematik – Deutsch – Kunst – Musik – Englisch – Französisch – Sozialkunde – Geschichte – Sport – Physik – Religion – Informatik

5 Sprecht über den Stundenplan von Janine.

Wann hat Janine Bio?

Am Montag und am Dienstag.

Mag Janine ...?

Die Zahlen von 0 bis 100

6 Hört zu und lest die Zahlen bis zwölf.

0	1	2	3	4	5	6	7	8	9	10	11	12
null	eins	zwei	drei	vier	fünf	sechs	sieben	acht	neun	zehn	elf	zwölf

7 Eine Regel finden – Schreibe die Zahlen.

13 dreizehn – 14 ... – 15 ... – 16 sechzehn – 17 siebzehn – 18 ... – 19 ...

8 Welche Zahlen fehlen in der Reihe?

zwanzig – dreißig – vierzig – ...zig – sechzig – siebzig – ...zig – ...zig – (ein)hundert

9 Zahlen aussprechen – Vergleiche: Deutsch, Englisch, deine Sprache.

englisch: twenty   three

2   3

deutsch: 3   und   20

drei und zwanzig

10 Lottozahlen – Notiere 3 mal 6 Zahlen: 1 bis 49.
Höre zu. Wie viele Richtige hast du?

11 Diktiert Telefonnummern in der Klasse.

12 Wie groß bist du? Fragt in der Klasse.

Ich bin ein Meter vierundfünfzig, und du?

Zahlen und Uhrzeiten

13 Wie spät ist es? Lies die Tabelle, höre zu und sprich die Uhrzeiten nach.

Es ist 8 Uhr 15.	Es ist 8 Uhr 30.	Es ist 8 Uhr 45.	Es ist 9 Uhr.	Es ist 9 Uhr 5.
Es ist 20 Uhr 15.	Es ist 20 Uhr 30.	Es ist 20 Uhr 45.	Es ist 21 Uhr.	Es ist 21 Uhr 5.
Es ist Viertel nach acht.	Es ist halb neun.	Es ist Viertel vor neun.	Es ist neun.	Es ist fünf nach neun.

14 Sage die Uhrzeiten.

| 7:15 | 12:10 | 15:25 | 17:53 | 23:30 | : |

15 Wie viel Uhr ist es? – Höre zu und notiere die Uhrzeiten.

16 Uhrzeiten zu zweit trainieren.

Was hast du am Montag um 8?

Mathe.

Und was hast du Dienstag um 10?

...

17 Paulas Schultag – Höre zu. Notiere Uhrzeiten und Schulfächer.

18 Dein Schultag – Schreibe einen Text und lies vor.

Montag: Der Unterricht beginnt um ... Zuerst habe ich ...
Um ... Uhr habe ich ... Dann habe ich ...
Um ... ist Pause. Dann ...
Um ... habe ich Schluss.

Pluralformen

19 *Die Stunde, die Stunden* – Lies den Text. Welche Wörter sind im Plural?

Ein Tag hat 24 Stunden, eine Stunde hat 60 Minuten, eine Minute hat 60 Sekunden. Eine Schulstunde hat 45 Minuten. Eine Schulwoche hat fünf Tage.
Die Goetheschule hat einen Direktor, mehr als tausend Schüler und Schülerinnen, 52 Klassen und 74 Lehrer und Lehrerinnen.

20 Sprachlupe – Pluralformen
a Ordnet die Wörter und macht eine Tabelle an der Tafel.

die Fotos – die Schüler – das Radio –
das Verb – die Nummern – die Pausen –
die Uhren – das Foto – die Schülerinnen –
die Pause – die Schulen – die Fächer –
die Uhr – die Zahlen – die Tage –
die Mädchen – der Schüler –
die Stundenpläne – die Väter ...

	Singular 👤	Plural 👥
(ä/ö/ü) –	das Mädchen	
–s	das Auto	die Autos
–n	die Sprache	
–(n)en	die Zahl	die Zahlen
	die Schülerin	
(ä/ö/ü) –e	der Stundenplan	
(ä/ö/ü) –er	das Fach	

Das ist eine Uhr.

Das sind zehn Uhren!

b Wie heißt der Lerntipp?

Lerntipp Der bestimmte Artikel im Plural ist immer d...

21 Wähle zehn Nomen aus den Einheiten 1 bis 4.
a Suche die Pluralformen in der Wortliste.
b Schreibe Lernkarten.

die Lernkarte

die Lernkart**en**

Lerntipp Nomen immer mit Artikel und Plural lernen.

22 Verben und Pronomen im Plural – Lest die Tabelle, sammelt Beispiele.

Das kennst du schon:

Singular

ich	lerne
du	lernst
er/es/sie	lernt

Plural	
wir	lernen
ihr	lernt
sie	lernen
Sie (formelle Anrede)	lernen

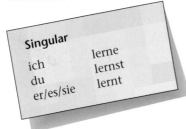

Bitte sprechen Sie langsam, Herr Schmidt!

23 Schulen vergleichen – Fragt in der Klasse.

1. Wir lernen drei Sprachen. Lernt ihr auch …?
2. Wir beginnen um 8 Uhr. Beginnt …?
3. Wir haben eine Lehrerin in Deutsch. Habt …?
4. Wir können am Computer arbeiten. Könnt …?

5. Wir können Fächer wählen. Könnt …?
6. Wir essen in der Cafeteria. Esst …?
7. Wir haben ein Orchester. Habt …?
8. …

24 Beantwortet den Brief von Janine.

Schüler – Fächer – Unterricht von … bis … – Stundenplan – Sport – AGs …

```
Betreff: Deine E-Mail                                    Priorität: Standard ▼

Standard    ▼  12 ▼   ▦  A A A A  ⋮≡ ⋮≡ ◀≣ ▶≣  ≣▼ ◪▼

Liebe Janine,
wir sind die Klasse … Unsere Schule heißt … Wir haben auch …
```

25 Ein Interview mit der Clique – Ergänze Verbendungen und die Personalpronomen.

32

- ● Hallo, was mach… ihr hier?
- ○ Wer, wir?
- ● Ja, …
- ○ Wir mach… nichts!
- ● Nichts? Geh… ihr nicht in die Schule?
- ○ Schule? Am Samstag? Nein, … machen Musik.
- ● Musik? Was spiel… …?
- ○ Rock, Techno, wir … alles.

by ©TOM

ALSO… TSCHÜS DANN…

TSCHÜS!

TSCHÜHÜS!

TSCHÜS…

TSCHÜHÜS!

TSCHÜS!

TSCHÜS!

TSCHÜS…

LASS' MICH RATEN… MATHE ODER ENGLISCH?

1 Abc-Spiel – Wörter von A bis Z

2 Fußball in der Klasse – Eure Lehrerin / Euer Lehrer hat die Regeln.

A   B

3 WWW-Fragen und Antworten

Schreibt Fragewörter auf Karten.

A zieht eine Karte und bildet eine Frage.
B antwortet.
B zieht eine Karte und fragt C.
C antwortet …

Wo wohnst du?

Ich wohne in Paris.

Wo?

4 Was passt hier nicht? Findet noch mehr Beispiele.

1. Auto – Straße – Fahrrad – Schokolade
2. Radiergummi – Turnhose – Tafel – Bleistift
3. Klavier – Fußball – Gitarre – Flöte
4. Mathematik – Biologie – Chor – Englisch
5. …

5 Wer oder was ist das? Wo ist/steht das?

Das ist ein ...

Das ist ...

Das ist in Einheit ...

Das ist eine ...

Das Foto ist auf Seite ...

6 Wie heißt die Frage?

Kannst du kochen?

Wohnst du hier?

Wie ...?

Magst du Mozart?

1. Ja!
2. Aus München.
3. Maria.
4. 15.
5. Ja, Spaghetti.
6. Nein!
7. Am Montag.
8. Ja, eine Katze.

7 **Informationen über Maria – Suche die Wörter und ergänze die Sätze.**

	1	2	3	4	5	6	7	8	9	10
A	R	N	P	K	D	A	C	H	T	C
B	U	F	O	L	R	T	P	V	A	F
C	B	I	N	B	E	C	I	C	D	A
D	Ü	S	Y	N	I	R	I	H	R	O
E	C	C	V	C	Z	E	T	E	E	R
F	H	H	L	J	E	I	A	M	D	S
G	E	E	Y	N	H	T	L	I	C	T
H	R	K	E	I	N	E	I	E	K	M
I	S	I	N	G	E	N	E	M	F	I
J	C	B	A	D	M	I	N	T	O	N

1. Maria kommt aus [?].

D7 bis J7: Maria kommt aus Italien.

2. Sie ist [?] Jahre alt.
3. Sie hat 4 [?].
4. Sie kann gut [?].
5. Ihr Lieblingsfach ist [?].
6. Sie macht viel Sport, [?] und [?].
7. Ihr [?] heißt Blacky.
8. Sie hat viele [?].
9. Der Unterricht beginnt um [?] Uhr.
10. Sie hat [?] Fahrrad.

8 **Schreibe einen Text über …**

Conny kommt aus …

9 **Artikel-Gymnastik**

1. Jeder notiert drei Nomen ohne Artikel.

Kuli, Banane, Mäppchen

2. Sammelt die Zettel ein.

3. Bildet drei Gruppen:
der-Gruppe, das-Gruppe, die-Gruppe.

Ein Schüler / Eine Schülerin liest vor.
Die Gruppe mit dem passenden Artikel steht auf.

10 **Welche Bilder passen? Hört zu, notiert die Informationen.**

1. Der Film „Dinosaurier" beginnt um [?] Uhr.
2. Peter kommt aus [?].
3. Die Tochter von Frau Schmidt ist [?] Jahre alt.
4. Die Telefonnummer von Paul ist [?].
5. Max hat [?] Computer.
6. Das Auto ist ein [?].
7. Felix spielt [?], [?] und [?].
8. Thomas kann nicht [?].
9. In [?] Minuten ist Pause.

VIDEO

11 **Mache Notizen zu den Personen.**
Vergleiche mit den Texten auf Seite 12.
Welche Informationen sind im Video neu?

> Tanja Kaiser mag Filme ...

12 **Was ist im Zimmer? Lies die Liste und kontrolliere mit dem Video.**

Computer – Klavier – Telefon – Fernseher – Lampe – Poster – Tisch – Stuhl – Fenster – Rucksack – Ball – Gitarre – Sofa – Baseball – Dinosaurier – Weltkarte – Sportschuhe – Fahrrad – Radio

13 **In der Schule – Bringe die Räume in die richtige Reihenfolge.**

Klassenzimmer – Sportplatz – Pausenhof – Biologieraum – Hausmeister

14 **Die Karten aus dem Video.**
   a **Was sagt Tanja? Schreibt einen Text.**
   b **Schreibt Karten über euch und eure Schule.**

> Meine Hobbys
> Mathe, Englisch,
> Bio, Deutsch

> Meine Schule
> 1156 Schülerinnen und Schüler
> 74 Lehrerinnen und Lehrer

> Das bin ich
> Tanja Kaiser
> Max Planck Gymnasium
> Klasse 7 a

15 Wie bitte?

16 Murmelmurmel – Höre zu. Welche Sätze hörst du? Notiere die Zahlen.

Wau! Wau!

hm hm hm

1. Wie heißt du?
2. Woher kommst du?
3. Tschüs, Peter.
4. Kannst du Gitarre spielen?
5. Ich komme aus Italien.

6. Das ist ein Radiergummi.
7. Ist das ein Computer?
8. Guten Abend, Herr Schmidt.
9. Es ist Viertel vor neun.
10. Das ist Michael Schumacher.

17 Lange und kurze Vokale – Lest die Wörter laut. Ein Wort in jeder Reihe passt nicht.

1. Fußball	Judo	Schwimmen
2. Berlin	Kassel	Wien
3. schön	stopp	gern
4. sechs	sieben	vier
5. Fach	Kurs	Schule
6. Heft	Brot	Buch
7. Italien	Finnland	Russland

„Schwimmen" passt nicht.
Das „i" ist kurz.

LERNEN MIT SYSTEM

18 Fitnesstraining Deutsch – Konzentrieren und Pausen machen.

Tagesplan Boris:

17.00	Deutsch
17.20	Pause
17.25	Mathe
17.40	Pause
17.50	Englisch
18.10	Pause
...	

± 2 Stunden   ± 25 Minuten

Wochenplan Rudi		Wochenplan Boris	
Mo	–	Mo	25 Min.
Di	–	Di	25 Min.
Mi	–	Mi	25 Min.
Do	2 Std.	Do	20 Min.
Fr	–	Fr	25 Min.

19 Lernkarten helfen beim Lernen

1. Artikel/Plural/Übersetzung

Hund

der / -e
dog

2. Verbformen

heißen
Wie ____ du?

heißt

3. Sätze

Ich heiße Mario.

My name's Mario.

4. Dialoge

Woher ...?

Aus ...

Tiere und Leute

1 Wie heißt das Tier? Ordne a–h den Bildern zu.

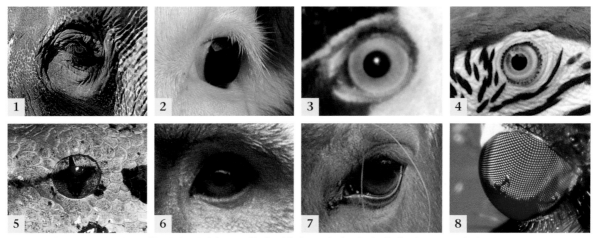

a) die Fliege b) der Affe c) die Schlange d) der Elefant e) die Kuh f) der Papagei g) der Pinguin
h) das Pferd

2 Höre zu. Was ist das?

> Das ist ein Vogel. Ein ...

> Das ist eine ...

3 Lieblingstiere – Sprecht in der Klasse.

> Ich mag ...

> Ich mag keine ...

> Mein Bruder mag Pferde.

> Meine Schwester mag keine ...

> Meine Eltern mögen ...

4 Katharina und Atze, Tanja und Dr. Jones, Timo und Kurti – Ordne die Bilder den
Texten auf Seite 37 zu.

a

b

c

1. Atze ist fünf. Er ist wild, aber lieb. Und ganz schwarz. Katharina wohnt in Ronshausen. Sie geht in Klasse 3. Sie sagt: „Atze läuft gern. Und er hasst Katzen."

2. Tanja liebt Dr. Jones. Er ist ein Pony. Paula ist die Schwester von Tanja. Sie mag Ponys auch. Aber ihr Vater sagt: „Zwei Mädchen und zwei Ponys, das geht nicht. Das kostet zu viel."

3. Timo hat Kurti schon zwei Jahre. Kurti ist gelb und singt manchmal. Alle mögen Kurti. Timos Mutter sagt: „Kanarienvögel sind lieb, aber sie machen viel Arbeit."

5 Ein Quiz – Wer ist das?

1. Er läuft gern.
2. Er ist bunt.
3. Sie geht in Klasse 3.
4. Sie liebt Dr. Jones.
5. Sie ist die Schwester von Paula.
6. Er ist wild, aber lieb.
7. Er ist gelb.
8. Er ist grau.

Das ist ...

rot
blau
grau
gelb
grün
weiß schwarz
bunt
braun

6 Projekt „Tiere" – Bilder und Texte. Macht ein Plakat in der Klasse.

Das ist meine Katze.
Sie heißt Babsie.
Sie ist sehr lieb.
Sie ist weiß.
Sie ist fünf Jahre alt.
Sie mag Hunde und Mäuse.
?

7 Wo ist Bora? – Sieh die Bilder an und höre zu. Was passiert?

Boora!

REVIER

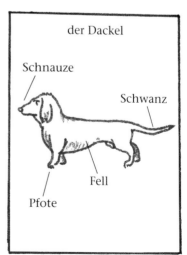

der Dackel

Schnauze

Schwanz

Fell

Pfote

Ich suche meinen Hund

8 **Lies und höre den Text.**

Es ist halb zwei. Klaus kommt aus der Schule. Sein Hund bellt nicht.
„Bora, B-o-r-a", ruft Klaus. Keine Antwort. O je. Bora ist weg.
Klaus wählt 110.
- ● Kommissar Wallander.
- ○ Hallo, Herr Kommissar: Bora ist weg!
- ● Wie bitte? Was? Wer ist Bora?
- ○ Das ist mein Hund, mein Dackel, meine Bora!!
- ● Ach so! Wie heißt du? Wo wohnst du?
- ○ Ich heiße Klaus Waldmann. Ich wohne im Vogelweg 7.
- ● Und wie sieht deine Bora aus?
- ○ Sie ist grau. Ihr Halsband ist rot. Was kann ich denn machen, Herr Kommissar?
- ● Mach du deine Hausaufgaben. Wir suchen deinen Dackel.

9 **SOS-Strategie – Formen sammeln, ordnen und systematisieren**
  a **Sammeln und ordnen – Macht eine Liste.**

Das ist mein Klaus.

Das ist meine Erika.

der Hund	sein Hund	ihr Hund

b **Systematisieren –** *mein/meine* **und** *der/das/die.* **Was fällt dir auf?**

	Singular: *der/das*	Femininum: *die* / Plural: *die*
	der Hund / das Pony	die Katze / die Hunde, die Ponys, die Katzen
ich	mein Hund / Pony	meine Katze / Hunde, Ponys, Katzen
du	dein	deine
er/es	sein	seine
sie	ihr	ihre

Frau Meier, ist das Ihr Hund?!

10 **Ergänze die Sätze. Die Tabelle in 11 hilft.**

ich	Wo ist m… Katze? Ich suche sie schon über eine Stunde.
du	Ist das d… Hund? Der ist sehr schön!
er	Das ist Peter. S… Mutter arbeitet hier in der Schule.
es	Das Pferd ist schön. S… Fell ist braun.
sie	Tanja und i… Pony Dr. Jones sind immer zusammen.

11 Akkusativ von *ein, kein, mein* … – Ergänze den Lerntipp.

Nominativ		Akkusativ		
der/(k)ein/mein	Hund	Ich mag	den Hund	(k)einen … / meinen …
das/(k)ein/mein	Pony		das Pony	
die/(k)eine/meine	Katze		die Katze	
die/keine/meine	Katzen		Katzen	

Den Akkusativ kann man sich leicht merken: die Endung im Maskulinum ist … **Lerntipp**

12 Verben mit Akkusativ – Schreibt Lernkarten mit diesen Verben.

Verben mit Akkusativ aus den Einheiten 1–6:

fahren – finden – haben – hassen – hören – kennen –
lernen – lesen – mögen – rufen – schreiben – singen –
suchen

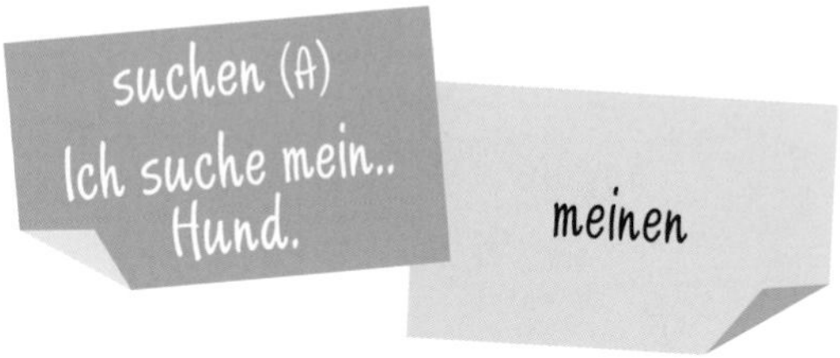

suchen (A)
Ich suche mein..
Hund.

meinen

13 Sprecht über eure Tiere.

Ich habe einen Kanarienvogel.

Ist er grün oder blau? Wie alt ist …

Wie groß ist dein Hund?

So groß.

Hast du auch einen/eine …?

Ja. / Nein, ich habe …

Wie heißt …

14 Ein Spiel – Macht eine Tabelle mit Tiernamen wie im Beispiel.

	A der	B das	C die
1	der Pinguin	das Pferd	die Kuh
2	der Papagei	das Pony	die Ratte
3	der Hund	das Krokodil	die Fliege
4	der Elefant	das Känguru	die Katze

Hast du einen Tiger in A1?

Nein. Hast du eine Fliege in C3?

Ja.

15 Teste deine Grammatik – Arbeitet zu zweit.

1. Hallo, … Name ist Rudolf. 2. Ich habe … Ratte. 3. M… Ratte mag Schokolade.
4. … Freundin mag k… Schokolade. 5. Sie ist … Bücherratte. 6. Sie mag Deutschbücher
und Englischbücher, aber sie lernt k… Wörter. 7. Und sie mag m… Deutschlehrer, aber
s… Katze mag sie nicht.

16 Ein Würfelspiel – Beginne deine Sätze mit dem passenden Satzanfang.

Ich suche meinen Pinguin.

1. Das ist …	ein..	der Deutschlehrer
2. Hast du …?	kein..	der Füller
3. Ich suche …	mein..	der Pinguin
4. Suchst du …?	dein..	das Deutschbuch
5. Ich habe …	sein..	das Pony
6. Wo finde ich …?	ihr..	die Brille
		die Mathelehrerin

40

17 Bora ist weg – Die Geschichte geht weiter. Was ist das Problem?

Wir müssen draußen bleiben!

3 kg Wurst   43 €
20 Steaks   105 €
             148 €

Zwei Stunden später

Klaus Waldmann? Hier ist Kommissar Wallander. Ich glaube, wir haben Bora. Der Hund ist klein, grau
und sein Halsband ist rot. Du kannst deinen Dackel abholen. Aber es gibt ein Problem …

Tierisch gut!

18 Die Deutschen und ihre Hunde
Seht die Fotos an. Was ist das? Sucht die Antworten im Text.

Ein chinesischer Student in Deutschland schreibt über Hunde:

Hunde und Katzen sind in Deutschland sehr populär. Viele Erwachsene und auch viele Kinder haben einen Hund. Es gibt in Deutschland über vier Millionen Hunde. Beliebte Hunde sind der Pudel, der deutsche Schäferhund und auch der Dackel. Die Hunde heißen oft Bello, Schnuffi, aber auch Maxi, Sarah oder Paula. Für Hunde kann man in Deutschland alles kaufen: Hundefutter, Hundekleider, Hundespielzeug. Es gibt sogar Hundefrisöre! Die Deutschen lieben ihre Hunde, aber es gibt auch Probleme. Wo kann der Hund auf die Toilette?

Hast du Zeit?

1 Fragt und sucht die Informationen in den Texten.

Wann beginnt ...?
Ist am Samstag ...?
Wann ist der/das/die ... geschlossen/geöffnet?

Hat ... Telefon?
Kann man am Sonntag ...?
Wann kann man ...?

DAS NEUE CAPITOL KASSEL
17:30 Uhr Dinosaurier
Kino 4   29. 11.

Das Netz
Internetcafé
Haus der Jugend
Berliner Straße 23
Öffnungszeiten
MO–FR: 12–21 Uhr
Infos unter 6 57 39 48

NACHTFLUGSHOW
30 Jahre ✈ FSM '69
17. Flugtag
1. und 2. Sept.
Beginn: 13.30 Uhr
Am Siebenstern

Jugendbücherei

Öffnungszeiten

Mo – Do: 13⁰⁰ – 18⁰⁰
Freitag: 9⁰⁰ – 13⁰⁰

1890 Edingen   TV
BALL
des Turnvereins

Samstag, 13. Jan.   20.00 Uhr
in den Räumen der Pestalozzihalle

Zum Tanz spielt
DIE HIT-FABRIK

Auf Ihren Besuch freut sich der TV

Kartenvorverkauf:
bei Schreibwaren Rudolf und Abendkasse

Großer Trödelmarkt
Mannheim
Multihalle
im Herzogenriedpark
**Mi. 27. Dez.
+ Do. 28. Dez.**
10 - 17 Uhr   Org. 07251/6 33 94

2 Eine Verabredung – Sieh die Bilder an. Was sagen Tom und Elke?

Die Clique!
FR. 7. 8.   20 UHR
SCHLOSSPARK
OPEN AIR

3 Einen Dialog hören – Was verstehst du? Mache Notizen.

4 Dialoggrafik – Vergleicht den Dialog und die Grafik. Übt den Dialog.

- ● Hallo, Tom, hier ist Elke.
- ○ Hallo, Elke.
- ● Hast du heute Abend Zeit?
- ○ Ja, warum?
- ● Prima! Gehst du mit ins Konzert?
  Die Clique spielt.
- ○ Klar! Wann denn?
- ● Das Konzert fängt um 20 Uhr an.
  Ich hole dich um 19 Uhr ab. O.k.?
- ○ Prima, bis später.
- ● Tschüs.

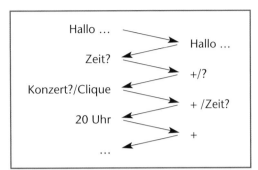

5 Dialogbaukasten „Verabredungen" – Lest die Beispiele und übt Minidialoge.

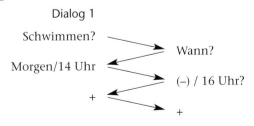

Kommst du mit?

Wohin?

Gehst du mit ins Kino?

Ja, prima!

Ich weiß noch nicht.

Kommt ihr mit in den Zoo?

Wir haben keine Zeit.

der	das	die	—
in den Park	ins Kino	in die Disco	schwimmen
in den Zoo	ins Museum	in die Schule	Tennis spielen
…	ins Konzert	in die Bibliothek	skaten
…	…	…	…

(+)	(+/–)	(–)
Klar!	Mal sehen.	Schade, das geht nicht.
Prima!	Ich weiß noch nicht.	Da kann ich nicht.
Das geht.	Vielleicht.	Ich habe keine Zeit/Lust.
		Leider nein, ich …

6 Übt mit den Dialoggrafiken.

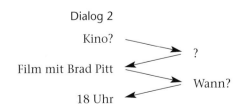

Dialog 1

Schwimmen?

Wann?

Morgen/14 Uhr

(–) / 16 Uhr?

+

+

Dialog 2

Kino?

?

Film mit Brad Pitt

Wann?

18 Uhr

Wochenpläne

7 Verabredungen üben – Macht einen Wochenplan wie Karin.

Juni	
3 Montag	*14–16 Uhr Handballtraining*
	18 Uhr Klavier
4 Dienstag	*14 Uhr Nachhilfe Mathe*
	15 Uhr Sabine (Kaffee)
5 Mittwoch	*!!!! Donnerstag Test in Mathe!!!*
	20 Uhr Fernsehen: Fußballspiel
6 Donnerstag	*15 bis 17 Uhr: Handballtraining*
	18.30: Kino mit Barbara
7 Freitag	*15–16 Uhr 30: Skaten mit Benni*
	18 Uhr: Gitarre
8 Samstag	*15 Uhr: Schwimmen*
	17 Uhr: Party (Geburtstag Jenny)
9 Sonntag	

> Ich kann nicht. Ich muss für den Mathe-test lernen.

> Kommst du am Dienstag um zwei mit ins Kino?

8 Sprachlupe

a Höre die Verben und achte auf den Wortakzent.

mit|gehen – an|fangen – ab|holen – auf|hören – an|rufen

b Lest den Dialog.

● Gehst du mit ins Konzert?
○ Wann fängt es an?
● Um 8. Ich hole dich ab.
○ Wann hört es auf?
● Um 11.
○ Vielleicht. Ich rufe um 5 an.

9 Sammelt trennbare Verben. Was passiert hier?

ab|holen   Ich hole dich ab.

Ich passe auf!

10 **Trennbare Verben üben – Schreibe die Sätze und lies vor.**

1. mitgehen – du – ins Museum?
2. abholen – Ich – meinen Hund – jetzt
3. anfangen – Wann – der Film?
4. anrufen – Mein Vater – um 16 Uhr
5. aufhören – Der Unterricht – um 13 Uhr 30

11 **Was macht Boris? – Lies die Sätze. Höre zu, mache Notizen und lies vor.**

1. Boris wacht um 7 Uhr / 16 Uhr / 6 Uhr auf.
2. Boris macht das Radio / den Fernseher / den CD-Spieler an.
3. Er hört seine Lieblingsmusik / sieht fern / übt Gitarre.
4. Um 8 Uhr ist er im Park / in der Schule / in der Stadt.
5. In der Pause schreibt er seine Matheaufgaben / die Tafel / seine Hausaufgaben ab.
6. Um 12 Uhr / 3 Uhr / 13 Uhr hört der Unterricht auf.
7. Boris fährt mit dem Bus/Fahrrad/Auto nach Hause.
8. Er holt seine Mutter / seinen Vater / seine Schwester ab.
9. Er ruft seine Lehrerin / seine Freunde / seine Freundin an.
10. Am Abend sieht er oft fern / macht er oft Musik / spielt er oft Tennis.

1. *7 Uhr*

12 **Fragen in der Klasse.**

Stehst du auch jeden Morgen um 6 Uhr auf?

Machst du auch ...

13 **Lehrer/Schüler: Wer macht was? Schreibe auf und lies vor.**

Die Lehrerin liest den Text vor.
Petra schreibt die Hausaufgabe ab.

Trennbare Verben

vorlesen – aufmachen – anschreiben –
aufschlagen – vorspielen – zumachen –
abschreiben – zuschlagen – nachschlagen

Nomen

den Dialog – die Regel – die Tür –
das Buch – die Wörter – die Kassette –
den Satz – die Hausaufgaben – das Fenster

Ein Missverständnis

14 Sieh die Bilder an. Was passiert hier?

15 Lies den Text. Was ist das Missverständnis?

Sabine mag Peter und Peter mag Sabine, aber sie hatten noch keine Verabredung. Heute ruft Sabine Peter an. Sie will mit Peter einen Spaziergang machen. Peter ist sehr froh und zieht seine Jeans und seine Lederjacke an. Er kauft Rosen für Sabine und dann nimmt er den Bus und fährt zur Bank. Auch Sabine ist glücklich. Sie trägt ihr Super-Minikleid, sie macht ihre Lippen rot und fährt mit dem Fahrrad zur Bank. Es ist gleich 3 Uhr. Peter wartet auf Sabine, aber sie kommt nicht. Sabine wartet auf Peter, aber er kommt nicht. Beide sind unglücklich. Es ist schon halb vier. Jetzt regnet es und beide sind nass und sehr wütend!! So ein Mist! Was ist los? Wo ist Peter? Wo ist Sabine?

44

16 Anrufbeantworter – Lies den Terminkalender in 7. Höre zu und mache Notizen.

Erika / Sonntag drei Uhr / Zoo?

17 Minidialoge – Ordne 1–6 den Nachrichten auf dem Anrufbeantworter zu.

1. Da kann ich nicht, aber Sonntag ist o.k.
2. Ich habe keine Zeit. Ich lerne für den Mathetest. Und Brad Pitt mag ich nicht.
3. Ich glaube, das geht nicht. Jenny macht eine Party.
4. Tut mir Leid, ich mache eine Diät und ich muss Klavier üben.
5. Klar, kein Problem.
6. Alles klar, ich komme! Aber nur eine Stunde.

18 Satzbaukasten „Verneinung" – Was fällt dir auf? Ergänze die Regel.

Ich kann nicht	Ich mag k…	Ich habe k…	Er ist k…
kommen	keine Pizza	keine Lust	kein Lehrer
schwimmen	keine Tiere	keine Zeit	kein Schüler
Rad fahren	keine Musik	kein Geld	kein Sänger
ins Konzert gehen	keinen Sport	keinen Fußball	kein Hund
…	…	…	…

So funktioniert die Verneinung: Verb + … und … + Nomen.

19 Boris, der Nein-Typ – Schreibt Texte wie im Beispiel.
Die Stichwörter helfen euch.

> *Ich mag keine Tiere und ich gehe auch nicht ins Kino.*
> *Fußball spiele ich nicht und ich habe auch kein Fahrrad.*

Pizza – schwimmen – Gitarre spielen – Computer – ins Museum gehen – Hund –
ins Konzert gehen – singen – Wörter lernen – um 6 Uhr aufstehen – Katzen …

20 Keine Zeit, keine Zeit – Hört zu und singt mit.

Am Montag spiel ich Fußball, da hab ich keine Zeit.
Am Dienstag geh ich schwimmen, es tut mir schrecklich Leid.
Am Mittwoch muss ich lernen für den blöden Test.
Am Donnerstag, da feier ich, mein Freund, der macht ein Fest.

Am Freitag geht es wieder nicht:
Da hab ich Nachhilfeunterricht!
Am Wochenende hab ich frei.
Kommst du dann vorbei?

Meine Freizeit

1 Freizeit und Hobbys – Was kennt ihr auf Deutsch?

*** faulenzen *** das Schwimmbad *** Musik hören *** das Stadion

1 = Roller fahren
2 = ...

Die Tiere im Safaripark

2 Geräusche und Dialoge – Was hört ihr? Was ist das? Macht eine Liste.

Medien	Sport	Musik	...
	Tennis		

3 Was findest du gut? Was kannst du gut?

Tennis finde ich gut.

Ich kann gut schwimmen.

4 Nomen und Verben – Was passt zusammen?

einen Brief – Fußball – Gitarre – Musik – ein Buch – ins Kino – Skateboard – in den Zoo

hören – fahren – spielen – schreiben – gehen – lesen

einen Brief schreiben
einen Brief lesen

fernsehen   ***   malen   ***   Filme sehen   ***   joggen   ***   Tennis spielen   ***

Karten spielen   ***   Safaripark   ***   Musik machen

5

6

8

7

Roller fahren   ***   lesen   ***   Computer spielen   ***   basteln   ***   kochen   ***

5 Was machst du wann? Schreibe Sätze und lies vor.

Am Wochenende …	gehe	ich	schwimmen/wandern …
In den Ferien …	spiele	ich	Tennis/Basketball …
Am Nachmittag …	treffe	ich	ins Kino / in den Zoo …
Um 9 Uhr …	fahre	ich	Rad/Roller …
Am Sonntagmorgen …	schwimme	ich.	
Heute	lese	ich.	

Am Nachmittag treffe ich manchmal meine Freunde.

Am Sonntag spiele ich oft Fußball.

6 Sprachlupe – Verben im Satz. Was fehlt hier? Bildet Sätze wie in Beispiel 1 und 2.

Position 1   Position 2

1. Ich   am Wochenende   Fußball.

2. Am Wochenende   ich   Fußball.

7 Ein Interview in der Klasse – Fragt euren Lehrer / eure Lehrerin.

> Was machen Sie gerne?

1. Lesen Sie gerne Bücher?
2. Fahren Sie oft Rad?
3. Sprechen Sie gern Englisch?
4. Essen Sie gerne Pizza?
5. Sammeln Sie Briefmarken?
6. Machen Sie Sport?
7. Gehen Sie ins Kino?
8. Lieben Sie Musik?
9. Laufen Sie gerne?
10. ...

8 Und du? – Schreibe fünf Fragen. Was fällt dir auf?

Was machst **du** gerne?

... du gerne Bücher? – ... du oft Comics – ... du Sport? – ... du oft Rad? – ... du ins Kino? –
... du Englisch? – ... du Musik? – ... du gerne Pizza? – ... du gerne? – ... du Briefe?

lernst – machst – liest – isst – gehst – hörst – fährst – kochst – schreibst

9 Interviews – Fragt in der Klasse.

> Liest du gerne Bücher?

> Nein, aber Comics.

Regelmäßige und unregelmäßige Verben

10 Sprachlupe – Vergleicht die Verben im Kasten. Wo ändert sich etwas?

	regelmäßig	unregelmäßig	laufen lachen
	gehen	lesen	schreiben
ich	gehe	lese	
du	gehst	liest	sein sehen
er/es/sie	geht	liest	aufstehen einladen
wir	gehen	lesen	
ihr	geht	lest	abholen schwimmen
sie	gehen	lesen	haben

11 Schlagt die anderen Verben in der Wortliste nach. Schreibt Lernkarten.

laufen

ich laufe
er läuft
Sie läuft nach Hause.

Unregelmäßige Verben immer mit 1. und 3. Person Singular lernen.   Lerntipp

12 Ein Spiel mit Verben – Schreibt Verben und Nomen auf Karten.
Fragt in der Klasse.

Spielst du Gitarre?

Nein, ich kann nicht Gitarre spielen. Aber ich fahre Rad.

Liest du Zeitung?

...

Gitarre spielen

Rad fahren

Zeitung lesen

13 Lernplakat – Verben und Aussprache

läufst du
liest du
spielst du
schwimmst du

Unsere Hobbys

14 Bilder und Texte – Vergleicht. Was gehört zusammen?

Ich bin in einem Club für Modelleisenbahnen. Wir haben alle ein Hobby: Lokomotiven und Züge. Alle bauen zusammen die Anlage. In der Weihnachtszeit zeigen wir dann die Anlage. Das finde ich immer am besten.

1

2

3

Ich heiße Corinna und bin 12 Jahre alt. Ich spiele gerne Flöte im Spielmannszug. Aber zu Hause höre ich lieber Rap oder die Backstreet Boys.

Ich bin Oliver. Mein Hobby ist die Feuerwehr. Das finde ich besser als Computerspiele oder Fußball. Das machen alle. Schwimmen finde ich auch gut, aber nur im Sommer.

15 Sprachlupe – Vergleiche mit *gut* und *gern*.

am besten
besser
gut

am liebsten
lieber
gern

Meine Mathenote ist besser als deine.

Streber!

Aber meine ist am besten!

16 Was magst du lieber? Fragt in der Klasse.

Frage

mögen + lieber
finden + besser

Antwort

Ich trinke/esse/spiele lieber ... als ...
... ist/schmeckt / finde ich besser als ...

Was magst du lieber:
Cola oder Wasser?

Ich trinke lieber Cola als Wasser.

Was findest du besser:
Ferrari oder Mercedes?

Ferrari ist besser als ...

Kakao ↔ Tee   Steak ↔ Pizza   Tennis ↔ Handball
Physik ↔ Geschichte Samstag ↔ Montag   Ferrari ↔ Mercedes
Morgen ↔ Abend   Katzen ↔ Hunde   Mathe ↔ Sport
...

17 Was findet ihr am besten, was habt ihr am liebsten:
Welchen Film, *welches* Auto, *welche* Musik?
Schreibt sechs Fragen. Fragt in der Klasse.

100 kg geteilt durch drei!!
Teamwork ist am besten!

Was isst du am liebsten?
der Film   Welchen Film siehst du am liebsten?
der Comic   Welchen Comic findest du am besten?
das Fach   Welches Fach hast du am liebsten?
das Auto   Welches Auto findest du am besten?
die Sportart Welche Sportart machst du am liebsten?
die Musik   Welche Musik findest du am besten?
...

Familien

1 Familienfotos – Welche Wörter kennst du?

Meine Familie, das sind ...

Großeltern	Eltern	Kinder	Geschwister	Verwandte
Großmutter/Oma, Großvater/Opa	Mutter, Vater Frau, Mann	Tochter, Sohn Enkel, Enkelin	Schwester, Bruder	Tante, Onkel Cousine, Cousin

2 Wer ist wer? – Lies und höre die Texte. Ordne zu.

links | hinten **in der Mitte** vorne | rechts

Nr. 1 ist Tante Inge.

Das ist meine Familie

a Vorne rechts sitzt mein Vater, er heißt Harald. Mein Papa ist Koch und er macht super Bratwürste und Steaks. Der Junge ist mein Cousin Felix.

b Meine Mutter heißt Brigitte. Sie arbeitet als Grafikerin. Sie sitzt vorne ganz links. Neben ihr sitzt Tante Andrea, ihre Schwester. Ihr Mann heißt Toby.

c Der Junge vorne in der Mitte, das ist mein Bruder. Er heißt Oliver, aber wir nennen ihn alle Olli. Meine Cousine Sibylle steht hinter Olli.

d Meinen Großvater und meine Großmutter siehst du hinten rechts. Sie heißen Richard und Luise. Opa ist 69 Jahre alt und meine Oma ist 70. Links neben Oma steht Edelgard. Das ist die Schwester von Oma. Sie ist 55. Links daneben steht ihr Freund, Herr Dahlmann.

e Hinten links steht meine Tante Inge und ihr Mann Hans-Peter steht hinten rechts. Das Baby im Arm von Onkel Toby bin ich. Ich war da sechs Monate alt. Das war meine Taufe.

f Es gibt noch mehr Fotos. Das hier ist die Familie von Caner. Er ist mein Freund. Seine Eltern kommen aus der Türkei. Caner hat eine Schwester. Seda ist vier Jahre alt und mein Freund ist 13.

g Das Foto hier zeigt meine Tante Anne und ihre Tochter Nadine. Sie ist gerade 1 Jahr alt. Tante Anne und Nadine wohnen in Rostock und können immer ans Meer fahren. Toll!

3 Was sagt Lara? – Ordne die Sätze.

1. Meine Cousine ...
2. Mein Großvater ...
3. Mein Vater ...
4. Mein Freund Caner ...
5. Oliver ...
6. Meine Mutter ...
7. Meine Tante Anne ...
8. Oma und Opa ...

a) ... wohnt in Rostock.
b) ... ist mein Bruder.
c) ... heißt Sibylle.
d) ... ist 69 Jahre alt.
e) ... heißen Richard und Luise.
f) ... hat eine Schwester.
g) ... arbeitet als Grafikerin.
h) ... macht super Steaks.

Meine Cousine heißt Sibylle.

4 Projekt *Meine Familie und ich* – Bringt Familienfotos mit.

Ich heiße ...
Ich bin ... Jahre alt.
Ich habe einen Bruder / ... Brüder.
eine Schwester / ... Schwestern.
keine Geschwister.
Das ist unser Haus.
unser Auto.

Mein Vater heißt ...
Wir wohnen in ...
Meine Großeltern sind ...

Vorne links, das ist ...

Possessivartikel im Plural

5 Das kennst du schon – Wiederhole die Possessivartikel im Singular.

Ist das dein Onkel?

Nein, das ist mein Vater.

6 Das ist neu – Possessivartikel im Plural.

Hier ist unser Haus. Wie sieht euer Haus aus?

Das Foto zeigt unsere Nachbarn. Ihr Name ist Sander.

Das sind unsere Hunde. Sie heißen Max und Moritz.

	Das ist ...	Das ist ...	Das sind ...
wir	... unser Hund/Kaninchen.	... unsere Katze.	unsere Katzen/Hunde/Kaninchen.
ihr	... euer Hund/Kaninchen.	... eure Katze.	eure Katzen/Hunde/Kaninchen.
sie	... ihr Hund/Kaninchen.	... ihre Katze.	ihre Katzen/Hunde/Kaninchen.

7 Possessivartikel im Akkusativ – Lies die Tabelle. Wie heißt der Lerntipp?

Ich suche ... Wir suchen ...	Ich suche ... Wir suchen ...	Ich suche ... Wir suchen ...	Ich suche ... Wir suchen ...
... unseren Hund.	... unser Kaninchen.	... unsere Katze.	... unsere Katzen/Hunde/Kaninchen.
... euren Hund.	... euer Kaninchen.	... eure Katze.	... eure Katzen/Hunde/Kaninchen.
... ihren Hund.	... ihr Kaninchen.	... ihre Katze.	... ihre Katzen/Hunde/Kaninchen.

Lerntipp   Den Akkusativ kann man leicht lernen: Die Endung im Maskulinum (der) ist ...

„Aufstehen!"

8 Fotoroman – Hört zu und lest die Texte.

9 Hört zu – Welcher Schluss ist am besten?

In der Schule

10 Sprache in der Klasse – Lest die Sätze.

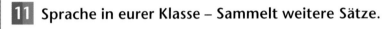

Das sagen Lehrer/innen oft:

Bitte schreib den Satz an die Tafel.
Schlagt bitte das Buch auf.
Bitte lies den Text vor.
Auf Deutsch bitte.
Sprich bitte lauter.
Noch einmal bitte.
Sehr gut!

Das sagen Schüler/innen oft:

Bitte wiederholen Sie das.
Das weiß ich nicht.
Hast du einen Kuli / ein Wörterbuch?
Bitte sprechen Sie lauter.
Entschuldigung, das verstehe ich nicht.
Langsamer bitte.
Erklären Sie das bitte.

11 Sprache in eurer Klasse – Sammelt weitere Sätze.

12 Das sagen Schüler oft – Hört zu und sprecht nach.

13 Imperative – Ordnet die Beispiele aus Aufgabe 10 in eine Tabelle an der Tafel.

	Sie-Form	du-Form	ihr-Form
schreiben	Schreiben Sie bitte den Satz.	Schreib(e) bitte den Satz.	Schreibt bitte den Satz.
aufschlagen	Schlagen Sie bitte …		

14 Hört zu. Welcher Satz passt zu welchem Bild?

15 Was sagen eure Eltern? Sammelt in der Klasse.

> Komm ...

> Vergiss ... nicht.

> Iss ...

> Räum dein Zimmer auf!

16 Imperative üben – Was passt zusammen? Spielt Minidialoge.

Komm doch mit in/ins ...   Keine Lust.
Gib mir das Buch.   Ich habe kein Buch.
Hol mich ab.   Ich habe keine Zeit.
Sieh mich an.   Warum?
Räum dein Zimmer auf.   Ich? Wieso ich?
Lies den Text.   Ich kann nicht lesen.
Lach doch mal.   Das kann ich nicht.
...   Gerne.
                            Kein Problem.
                            ...

1 Tiere beschreiben – Lest vor. Welche Sätze passen zusammen?

Mein Hund heißt Bello.

Er frisst gerne Wurst.

A
1. Mein Hund heißt Bello.
2. Meine Katze ist schwarz.
3. Meine Fische sprechen nicht viel.
4. Unser Kaninchen ist süß.
5. Dein Kanarienvogel singt aber schön.
6. Seine Ratte heißt Turbo.
7. Mein Pony ist 1,65 m groß.
8. Ihre Meerschweinchen sind vier Jahre alt.
9. Euer Hamster ist aber langweilig.

B
a) Sein Fell ist weiß und schwarz.
b) Aber nachts ist er immer aktiv.
c) Er frisst gerne Wurst.
d) Sie heißen Cäsar und Cleopatra.
e) Sie mag keine Hunde.
f) Sie lebt bei der Clique.
g) Aber sie schwimmen gern.
h) Es frisst am liebsten Zucker.
i) Er sitzt gerne auf meinem Kopf.

2 Ein Spiel – Wie heißt das Tier?

Es ist grau.
Es ist sehr groß.
Es lebt in Afrika und in Indien.

Das ist ein Elefant

Ein Witz

Wau wau

Tja, ich kann Fremdsprachen!

3 *Ist das dein/e ...?* – Spielt zu zweit. Zeichnet drei Gegenstände auf Karten wie im Beispiel und schreibt die Wörter auf die Rückseite.

Ist das dein Computer?

Nein.

Ist das dein Radio?

Nein.

Ist das dein Fernseher?

Genau, das ist mein Fernseher.

4 Ich sehe was, was du nicht siehst ... – Spielt in der Klasse.

Ich sehe was, was du nicht siehst, und das ist weiß ...

Ist das ein Tisch?

Nein, kein Tisch.

Ein Heft?

Ja, genau.

Noch ein Witz

Müllers sind nicht da. Der Hund ist zu Hause. Das Telefon klingelt, er meldet sich: „Wau!" Der Anrufer fragt: „Wer ist da bitte?" Der Hund: „WAU – W wie Wilhelm, A wie Anton und U wie Ulrich."

5 Wer macht was wann? – Wähle zwei Bilder aus. Bilde Sätze. Sprecht in der Klasse.

Mo 16 🎸

Am Montag um 16 Uhr spielt Petra Gitarre.

6 Wochenplan – Notiere drei Termine für dich. Wähle dann drei Veranstaltungen aus. Verabrede dich mit deinem Nachbarn / deiner Nachbarin. Wann hat er/sie Zeit?

Atlantis 2:
Freitag: 18.00 „Ihr Vater, mei Mutter und ich" – 20.15 „Der Sch des Manitu" – 22.30 Science-fictic Nacht: „2001 – Odyssee im We raum" + „Star Wars – Episode 3"
Samstag: 18.00 „Der Schuh de Manitu" – 20.15 „Harry Potter un der Stein der Weisen" – 22.30 Rock nacht: „Tommy" + „Woodstock"

Montag
Dienstag 14–16 Fußball
Mittwoch
Donnerstag 17–19 Klavier
Freitag
Samstag 9–12 Skateboard
Sonn

Kommst du am Montag um 14 Uhr mit ins Schwimmbad ...?

Klar, kein Problem.

7 Grammatik wiederholen: trennbare Verben – Ergänze die Sätze.

mitkommen – abfahren – anfangen – aufstehen – abschreiben – anrufen

1. ● ___ du ___ ins Kino? ○ Ja, wann denn?
2. ● Ich ___ dich heute Abend ___. ○ Gut, ich bin um 19 Uhr zu Hause.
3. ● Du musst ___, es ist schon 7 Uhr! ○ Was? Ist es schon so spät?
4. ● Wann ___ der Film heute ___? ○ Um 16 Uhr. Wir treffen uns um 15 Uhr 30.
5. ● ___ die Wörter von der Tafel ___. ○ Nein!! Nicht schon wieder schreiben!
6. ● Beeil dich, der Bus ___ gleich ___. ○ Nur kein Stress. Wir haben noch 5 Minuten Zeit.

8 **Das Formel-1-Spiel – Bildet Sätze wie im Beispiel. Aber schnell!**

Am Wochenende …
Heute Nachmittag …
Am Montag um 9 Uhr …
Am Sonntag …
Morgen …
Am Samstagnachmittag …
…

> Am Wochenende gehe ich schwimmen.

> Am Montag um …

> Am Wochenende

> Am Montag um 9 Uhr

9 **Was magst du gerne? Wähle vier Themen aus. Bilde einen Satz zu 1–4.**

Themen: Sport – Hobbys – Essen – Musik – Schulfächer – Filme – Bücher – Freizeit

1 Gut – besser – am besten
2 Gern – lieber – am liebsten
3 … finde ich besser als …
4 … mag ich lieber als …

Bücher: Ich mag Bücher. Krimis finde ich am besten.
Sport: Basketball spiele ich am liebsten.
Schulfächer: Mathe finde ich besser als Geschichte.
Filme: „Dinosaurier" mag ich lieber als „Toy Story".
…

10 **Die Clique**

a **Lest die Notizen zu Text 1, 2 und 3. Hört zu. Welche Informationen fehlen?**

b **Hört die Texte 4 und 5. Macht Notizen zu den Texten.**
c **Vergleicht eure Notizen und sprecht über die Personen.**

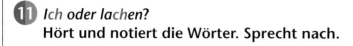

AUSSPRACHE

11 *Ich oder lachen?*
Hört und notiert die Wörter. Sprecht nach.

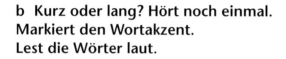

Gruppe 1 (ich)	Gruppe 2 (lachen)
ich	lachen

12 Wortakzent

  a Hört und notiert die Wörter.

Bruder

  b Kurz oder lang? Hört noch einmal.
Markiert den Wortakzent.
Lest die Wörter laut.

Br_u_der

13 Betonung im Satz. Hört die Sätze.

  a Notiert die Wörter mit Betonung.

l_ie_bsten, T_u_rbo

  b Spielt und sprecht die Sätze.

Ich bin der B_o_ss in der Band.

VIDEO

14 In dem Text sind vier Fehler. Korrigiere mit dem Video.

Lena ist 13 Jahre alt. Sie geht in die Klasse 6c in Passau. Ihr Hund heißt Moritz.
Sie hat vier Hobbys: Schwimmen, Reiten, Lesen, Radfahren.

15 Was sagt Markus? Schreibt und spielt den Dialog. Kontrolliert mit dem Video.

Markus	Monika
● Hallo …	○ Hallo, ich bin es. Seid ihr in der AG?
● …	○ Nein, ich kann nicht, ich habe keine Zeit.
● …	○ Hast du am Wochenende Zeit?
● …	○ Am Sonntag um 11.
● …	○ Ich freu mich auch, tschüs!

16 Das Zimmer von Markus –
Sammelt in der Klasse.

ein Baseball, eine …

17 Der Ausflugstag – Macht Notizen zu den Stichwörtern.

Tante Bettina – Monika – spazieren gehen am See –
Film-Tour – Asterix – Hamburger

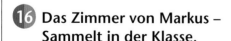

LERNEN MIT SYSTEM

18 **Richtig wiederholen, wiederholen, wiederholen!**
Sprecht über die Grafik. Wie lernt und wiederholt ihr?

Behalten

| 30 Minuten lernen | 15 Minuten wiederholen | 15 Minuten wiederholen | Test |

Vergessen

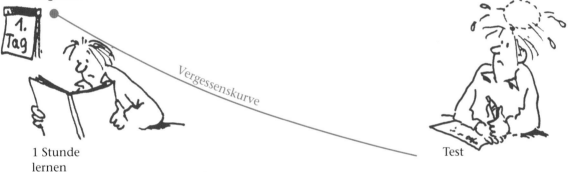

1 Stunde lernen   Test

19 **Zeitprobleme – Was stimmt für dich (+) und was nicht (–)? Lies und notiere.**
Vergleicht in der Klasse. Was ist dein Problem Nr. 1?

Ich habe keine Zeit!

1. Ich telefoniere viel.
2. Jeden Tag zwei Stunden fernsehen ist normal.
3. Ich liebe Computerspiele. Das ist mein Problem.
4. Ich habe sehr viele Hobbys. Das kostet Zeit!
5. Hausaufgaben mache ich oft am Abend.
6. Mein Zimmer ist ein Chaos. Ich suche oft meine Sachen.
7. Ich habe viele Freunde. Sie kommen fast jeden Tag.
8. Ich lerne ohne Plan.
9. Was ist wichtig? Was ist nicht wichtig? Keine Ahnung!
10. Ich kann nicht „Nein" sagen.
11. Ich fange zu spät mit dem Lernen an. Das gibt Stress.

1. +
2. –
Mein Problem Nr. 1 ist ...

Alles Gute!

1 Wünsche und Situationen – Was kennst du? Was passt zusammen?

Frohe Ostern!

Frohe Weihnachten!

Herzlichen Glückwunsch
zum Geburtstag!

Viel Glück!

Toi, toi, toi!

Gute Besserung!

Gute Reise!

Guten Appetit!

Alles Gute!

2 Geburtstag – Lest den Text. Notiert pro Zeile zwei oder drei Stichwörter. Vergleicht eure Stichwörter.

In Deutschland, in Österreich und in der Schweiz ist der Geburtstag sehr wichtig. Kinder und Jugendliche feiern diesen Tag jedes Jahr. Sie laden die Familie, ihre Freunde und Bekannten ein. Am Geburtstag bekommt das „Geburtstagskind" viele Geschenke, man isst Kuchen, trinkt Kaffee und viele machen eine Geburtstagsparty mit Geburtstagsspielen oder mit Musik zum Tanzen. Manche Geburtstagskinder feiern mit ihren Gästen auch im Schwimmbad oder sie machen einen Ausflug oder sie gehen zusammen ins Kino.

Deutschland ... / Geburtstag / wichtig

3 Wann hast du Geburtstag?
Macht einen Geburtstagskalender in der Klasse.

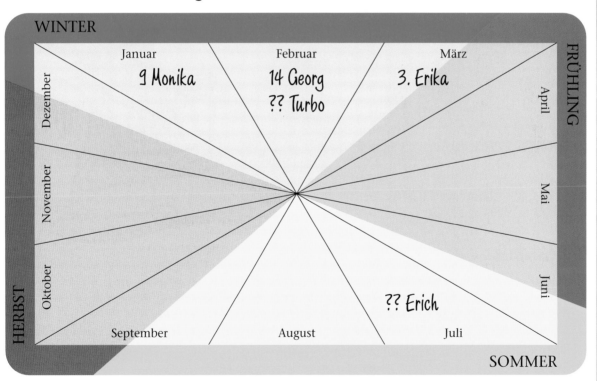

WINTER

Januar · 9 Monika
Februar · 14 Georg · ?? Turbo
März · 3. Erika
Dezember
November
Oktober
September · August · Juli
?? Erich
HERBST
FRÜHLING · April · Mai · Juni
SOMMER

4 Aussprache – Schreibe die Monate. Höre zu und markiere den Wortakzent.

Januar, Februar, ...

Zahlen, Termine, Daten

5 Sprachlupe – Datum, Ordinalzahlen. Seht den Kalender auf S. 67 an. Vergleicht.

im Juli
am 9.1.
am 14.2.
am 3. März

> Erich hat im Sommer Geburtstag, im Juli.

> Monika hat am neunten Januar Geburtstag.

> Georg hat am vierzehnten Februar Geburtstag.

> Erika hat am dritten Dritten Geburtstag.

> Wann?

> Wann ...?
> am + Tag
> im + Monat/Jahreszeit

eins	Am	ersten.
zwei		zweiten.
drei		dritten.
vier		vierten.
fünf		…
sechs		…
sieben		siebten.
acht		achten.
…		
zwanzig		zwanzigsten.
einundzwanzig		einundzwanzigsten.

> Mein Geburtstag ist am 31.2.

6 Geburtstage – Fragt in der Klasse.

Wann hast du Geburtstag?
Wann hat dein Bruder / deine Schwester Geburtstag?
Wer hat im Januar Geburtstag?
Wer hat im Winter Geburtstag?

7 Nicht vergessen! – Was gehört zusammen? Spielt Minidialoge

1. Am 21.8. ist der Geburtstag von Tommy.
2. Am 13. kommt dein Bruder zurück.
3. Am 18. schreiben wir den Mathetest.
4. Am 10. ist die Party.
5. Die Clique spielt im Mai in Hamburg.
6. Die Mathelehrerin kommt am 29. ins Krankenhaus.

a) Wann genau?
b) Und wann kommt sie wieder?
c) Ich kann nicht kommen, ich muss babysitten.
d) Das ist schrecklich. Ich kann nichts!
e) Oje, ich habe noch kein Geschenk.
f) Oje, ich muss unser Zimmer noch aufräumen.

Elke hat Geburtstag

8 Was ist das Problem von Elke?

Schreib doch einen Brief.

Ruf Sebastian einfach an.

Frag seinen Freund.

Lade Sebastian doch zum Geburtstag ein.

Was soll ich machen?

9 Die Einladung – Lest die Fragen und hört zu.

Wer hat Geburtstag?
Wann ist die Party?
Wer kommt auf die Party?
Was bringt er/sie mit?

10 Lest den Dialog zu zweit.

- ● Sebastian Müller.
- ○ Hallo, Sebastian, hier ist Elke.
- ● Hallo, Elke …?
- ○ Du, ich habe am Samstag Geburtstag und ich mache eine Party. Kommst du?
- ● Klar, wann fängt die Party an?
- ○ Um vier.
- ● Prima. Äh, kann ich etwas mitbringen? Meine Mutter macht einen super Nudelsalat!
- ○ Toll! Ich freue mich.
- ● Ich freue mich auch! Bis Samstag!

11 Elke lädt Anja ein – Spielt das Gespräch. Die Dialoggrafik hilft.

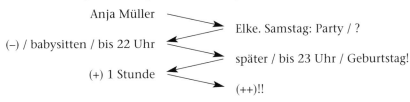

Anja Müller

Elke. Samstag: Party / ?

(–) / babysitten / bis 22 Uhr

später / bis 23 Uhr / Geburtstag!

(+) 1 Stunde

(++)!!

12 Ausreden erfinden – Fragt und antwortet wie im Beispiel.

> Ich mache am Samstag eine Party. Kannst du kommen?

> Tut mir Leid, ich kann nicht kommen, ich muss meinen Hund baden.

> Hausaufgaben machen
> Zimmer aufräumen
> babysitten
> für Mathetest lernen
> im Bett bleiben (krank)
> ...

66

13 Du warst nicht auf der Party! Wo warst du gestern? Hört und lest den Dialog.

> Hallo, Boris, wo warst du gestern?

> Ich war krank. Ich hatte Fieber. Wie war die Party?

> Es war super! Am besten war das Essen: Pizza und Pommes! Bist du jetzt wieder o.k.?

> Ja, danke, es geht besser!

14 *Und wo warst du gestern?* – Lest die Ausreden und übt zu zweit.

> haben
> ich hatte
> du hattest

> sein
> ich war
> du warst

Gestern **war** ich	Gestern **war** ich	Gestern **war** ich	Gestern **hatte** ich
schwimmen.	nicht zu Hause.	krank.	viele Hausaufgaben.
Fußball spielen.	im Kino.	müde.	keine Zeit/Lust.
einkaufen.	nicht hier.	total kaputt.	Nachhilfe in Mathe.
...	weg.	...	Klavierunterricht.
	...		...

> Wo warst du gestern?

> Gestern war ich schwimmen.

15 König für einen Tag – Was darf Peter am Geburtstag?

a Ergänzt die Sätze und lest sie vor.

1. Ich darf drei Stunden …

2. Ich darf alle meine Freunde …

3. Meine Mutter kocht mein …

4. Ich darf Pommes, Hamburger, Kuchen …

5. Ich darf bis 11 Uhr abends …

6. Ich darf lange …

7. Ich darf meine Lieblingsmusik ganz laut …

8. Mein Vater ist den ganzen Tag …

einladen – aufbleiben – Lieblingsessen – fernsehen – telefonieren – hören – nett – essen

b Sprecht in der Klasse: Was darfst du auch und was nicht?

16 Sprachlupe – Modalverben: *können, müssen, dürfen*. Zeichne die Satzklammer und schreibe zwei Sätze zu jedem Modalverb.

Ich	(kann)	gut Gitarre	(spielen).
Du	(musst)	im Bett	(bleiben).
Erika	(darf)	im Bett	(bleiben).

17 Interviews zum Thema „Geburtstag" – Hört zu, macht Notizen. Die Fragen helfen.

Party:	Ja/Nein?
Zeit:	Wann fängt die Party an? Wann hört sie auf?
Aktivitäten:	Was machen die Jugendlichen?
Essen/Trinken:	Was gibt es zu essen und zu trinken?
Personen:	Wer kommt zur Party?
Geschenke:	Was?

Meine Schule

1 Betrachtet das Bild. Lest die Aussagen. Was gehört zusammen?

a die Cafeteria

b der Chemieraum

c die Toilette

d das Lehrerzimmer

e der Direktor

f das Sekretariat

g der Schulhof

h die Sporthalle

i der Computerraum

2. Stock

1. Stock

Erdgeschoss

1. Hier sitzen die Experten für Bio, Mathe usw.
2. Hier gibt es oft Experimente.
3. Hier kann man sitzen, quatschen, Hausaufgaben machen, Cola trinken und Kuchen essen.
4. Hier müssen die Schüler immer viel rennen und schwitzen.
5. Hier sitzt der Chef oder die Chefin.
6. Hier sind die Schüler manchmal besser als die Lehrer.
7. Hier gibt es Frau Müller, ein Telefon, ein Fax, einen Computer und viele Informationen.

2 Was ist wo? – Höre die Dialoge. Suche die Orte auf Seite 72. Ordne zu.

die Treppe hoch
die Treppe runter

1
- ● Wo ist der Direktor?
- ○ Die Treppe hoch, im ersten Stock links, neben dem Sekretariat.
  Aber der Direktor ist im Moment …

2
- ● Entschuldigung, wo ist die Sporthalle?
- ○ Die Sporthalle ist rechts neben dem Eingang.
- ● Vielen Dank!
- ○ He, wo gehst du hin?

3
- ● Entschuldigung, wo ist die Cafeteria, bitte?
- ○ Die Cafeteria finden Sie im zweiten Stock ganz hinten links.

4
- ● Wo … ????
- ○ Treppe hoch, rechts neben dem Chemieraum.
- ● Oh, Mann!!!

5
- ● Guten Morgen, ich suche die Klasse 7a.
- ○ Die 7a? Keine Ahnung, ich bin neu hier. Fragen Sie doch im Sekretariat …
- ● Danke, aber wo …

3 Lest die Dialoge mit Variationen: andere Orte/Personen, freundlich/ unfreundlich.

Wo ist der Hausmeister?

4 Orientierung in der Schule – Lest die Fragen und Antworten.

Fragen		Antworten
Wo ist	der Hausmeister?	Der Hausmeister ist im ersten Stock.
	das Sekretariat?	Das Sekretariat ist neben dem Direktor.
	die Cafeteria?	Die Cafeteria ist neben dem Chemieraum.
	Geh/Gehen Sie	die Treppe runter/hoch.
		hier links/rechts/geradeaus.

5 *Wo ist …?* – Seht das Bild auf Seite 72 an. Gruppe A stellt Fragen, Gruppe B antwortet.

● Wo ist das Sekretariat?
○ Das Sekretariat ist im 1. Stock rechts.

● Ist der Computerraum im 1. Stock?
○ Nein, der Computerraum ist …

6 Biene besucht eure Schule. Sie hat viele Fragen. Schreibt Fragen und antwortet in der Klasse.

7 Sprachlupe – Präpositionen: *Wo ist Turbo?*

1

2

3

a) hinter den Büchern
b) (rechts) neben dem Computer
c) in der Tasche
d) vor der Schule
e) auf dem Stuhl
f) unter dem Tisch

4

5

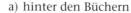

6

8 Sprachlupe – Dativ: *neben dem Sekretariat, in der Cafeteria, unter …*
Sammelt Beispiele und ergänzt die Tabelle an der Tafel.

Singular			Plural	
Nominativ	Dativ		Nominativ	Dativ
der	d…	in dem = im (im Sekretariat)	die	d…
das	d…	an dem =		
die	d…			

9 *Wo ist/steht/liegt/hängt …?* – Schreibt Sätze und lest vor.

die Schachtel

das Keyboard

die Coladose

das Saxophon

die Trommel

die Baseballkappe

Die Tasche hängt an der Wand.

Die Bücher liegen auf …

10 *Wo ist was im Klassenzimmer?* – Beschreibe. Die anderen korrigieren.

Die Gitarre liegt auf dem Boden.

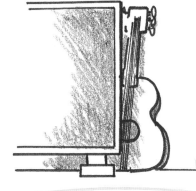

Die Gitarre steht hinter der Tafel.

11 Die Klassenarbeit – Hört und lest die Geschichte.

> **Welches Problem hat Herr Schmidt?**

„Drrrrring!"
Es ist Montag, Viertel vor sieben. Herr Schmidt
macht den Wecker aus. Er gähnt, kratzt sich am
Kopf und bleibt noch ein bisschen liegen.
5 Auf der Straße beginnt der Tag.
Er steht auf.
In der Küche nimmt er eine Tasse, legt einen Tee-
beutel hinein und setzt Wasser auf.

Neben der Küche ist das Bad. Er stellt
10 sich unter die Dusche: zuerst heiß und
dann kalt. Beim kalten Wasser schreit
Herr Schmidt wie Tarzan. Jetzt ist
er wach.
Er gießt den Tee ein, schaut in den
15 Kühlschrank: leer!
„Heute muss ich einkaufen! Das darf ich nicht
vergessen." Er schreibt einen Zettel: einkaufen!
„Ähm, was ist sonst noch los?" Er schaut in
seinen Stundenplan:
20 8.00 Uhr bis 9.30 Uhr Klasse 6b. 9.30 Klasse 7a
– Klassenarbeit …
„Klassenarbeit? Mensch, da muss ich noch die
Aufgabenblätter kopieren!" Er schreibt wieder
einen Zettel: kopieren!
25 Herr Schmidt zieht sich an, trinkt den letzten Schluck Tee und packt
seine Tasche:
Mathebuch für die 6b, Aufgabenblatt für die Klassenarbeit …
„Wo ist denn das Blatt? Ich hatte das doch hierhin gelegt!"

> **Wie geht die Geschichte weiter? Er findet das Blatt. Er schreibt die Arbeit neu. Er …**

Aber auf dem Schreibtisch liegt es nicht. Er sucht im Schreibtisch. Er
30 sucht unter dem Schreibtisch – nichts.
Er sucht auch noch hinter dem Schreibtisch und vor dem Regal. Es ist
nicht da.
Herr Schmidt wird nervös. Er rennt in die Küche, sucht auf dem Tisch,
unter dem Tisch, neben der Marmelade, links und rechts vom Kühl-
35 schrank. Kein Aufgabenblatt!
„Oh Gott! Was mache ich nur, schon gleich halb acht! Ich muss los!
Mein Bus!"

Herr Schmidt läuft aus
der Wohnung. Die Bus-
40 haltestelle ist direkt vor
dem Haus. Gerade
kommt die Nummer 54.
Zur Schule sind es sechs
Haltestellen. Herr
45 Schmidt überlegt Aufgaben für die
Klassenarbeit.
Der Bus hält. Leute steigen ein. Der Bus
fährt weiter.
Herr Schmidt überlegt und schreibt
50 einen Zettel.
Der Bus hält wieder.
„Guten Morgen, Herr Schmidt!"

$$\frac{(3/4 - 1/2):(5/6 - 1/3) - 1/2 \cdot 4/5}{2/3 - 4/5 \cdot (5/3 - 7/8)}$$

12

„Äh, ach Olli! Guten Morgen"
„Schöner Tag heute, Herr Schmidt."
55 „Was? Ja, schöner Tag"
„War wieder ein super Konzert, Herr Schmidt, oder?"
„Äh, ja, aber, Olli, ich muss noch ein bisschen arbeiten, wir sehen uns ja dann später."
„Entschuldigung, Herr Schmidt. Ich hab da was für Sie."
60 „Bitte? Nicht jetzt, Olli, später."
Olli gibt Herrn Schmidt ein Blatt. Es ist ziemlich schmutzig und verknittert.
„Danke, Olli, aber ich muss jetzt wirklich …"
Herr Schmidt schaut auf das Blatt: die Auf-
65 gaben für die Klassenarbeit!
„Vielen Dank, Olli. Das such ich schon den ganzen Morgen. Woher hast du das?"
„Vom Konzert am Samstag. Sie waren gerade weg. Ja und dann war da dieses Blatt auf
70 dem Boden und …"
„Egal. Hauptsache, ich habe es wieder! Danke, Olli"
Der Bus hält vor der Schule.
In der Schule geht Herr Schmidt in das
75 Sekretariat.

„Guten Morgen, Frau Kraus! Können Sie mir das bitte 24-mal kopieren? Ich brauche es in der dritten Stunde."
„Ah, der neue Kollege. Aber klar doch, mach ich.
80 Ein bisschen schmutzig ist es ja schon …"
„Ja, ich hatte da ein Problem."
Die Sekretärin schaut auf das Blatt und dann zu Herrn Schmidt. Sie wundert sich.

In der dritten Stunde verteilt Herr Schmidt die Aufgabenblätter.
85 „Ihr wisst ja, wir schreiben heute eine Klassenarbeit. Seid ihr gut vorbereitet?"
Alle rufen: „Aber sicher, Herr Schmidt!!!"

Was hat Olli für Herrn Schmidt?

Was macht Herr Schmidt im Sekretariat?

Welche Noten bekommen die Schüler?

Klasse 7a – Klassenarbeit Nr. 4 – 27.09.02 – Name:

Aufgabe 1
Nach einem Preisnachlass von 6,30 € muss Otto für sein neues F
noch 203,70 bezahlen.
a) Wie hoch war der ursprüngliche Preis?
b) Wie viel % Rabatt erhielt er?

Aufgabe 2
Zeichne aus den gegebenen Größen ein Viereck ABCD.
$A\ddot{u} = \ldots cm$; $BC = 4cm$; $CD = 2,5cm$; $AD = 6,5cm$; $AC = 4,5cm$
Bestimme die Winkelmaße der Figur!

Aufgabe 3
Berechne:
a) $8\frac{1}{2}$ % von 320 kg = P
b) 3,5% von G = 210   P =
                                    G =
c) 27   p%   36   p =

Aufgabe 4
Ein Farmer hat einen Grundbesitz von 50 ha.
Davon entfallen 30% auf Ackerland, 41% auf Wiesen und We
20% auf Wald.

12 Acht Aussagen zur Geschichte – Was passt zu wem?

a) Herr Schmidt   b) Der Direktor   c) Olli
d) Martin (in Mathe der Beste)   e) Der Vater von Susy   f) Sabine (in Mathe sehr schlecht)

1. Hallo, Olli, ich bin fertig. Hast du die E-Mail-Adressen von unserer Klasse?
2. Hm, Herr Schmidt, das ist komisch … fast alle eine 1? Nur eine 5 …
3. Hey, was ist denn das? Mann, das ist ja interessant! Ich muss sofort Martin anrufen.
4. So ein Mist, ich war am Wochenende bei meiner Oma.
5. Donnerwetter! Die 7a ist in Mathe super!
6. O.k., Martin, 30 Tafeln Schokolade und die neue CD von Echt!
7. Eine 1 in Mathe! Ich kann es nicht glauben! Olga, komm mal her!
8. Hallo, Susy, ich habe eine gute Nachricht.

Reisen

1 Sieh die Bilder an und lies die Texte. Was gehört zusammen?

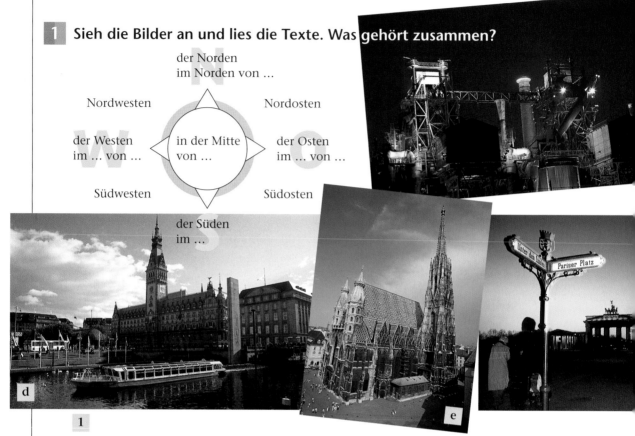

der Norden
im Norden von …

Nordwesten

Nordosten

der Westen
im … von …

in der Mitte
von …

der Osten
im … von …

Südwesten

Südosten

der Süden
im …

1

Rügen ist eine Insel im … von Deutschland. Viele Familien machen hier Urlaub. Man kann dort schwimmen, segeln, Fahrrad fahren usw. Hier scheint oft die Sonne.

2

Die Alpen liegen ganz im … von Deutschland. Es gibt die Alpen aber auch in der Schweiz und in Österreich. Dort kann man im Winter Ski fahren und im Sommer wandern oder auf einen Berg klettern.

3

Die Großstadt Hamburg liegt im … von Deutschland. Hier gibt es einen großen Hafen und die Nordsee ist auch nicht weit. Berühmt sind das Rathaus und der Fischmarkt am Sonntag.

4

Wien liegt im … von Österreich. Das ist die Hauptstadt. Hier gibt es viel zu sehen. Museen, Flohmärkte, den berühmten Stephansdom und den Prater mit dem Riesenrad.

5

Der Bodensee liegt ganz im … von Deutschland. Auch die Schweiz und Österreich liegen am Bodensee. Hier kann man gut Urlaub machen: schwimmen, segeln, wandern, Fahrrad fahren und Ausflüge in die drei Länder machen.

6

Die Hauptstadt von Deutschland ist Berlin. Berlin liegt im … von Deutschland. Hier ist immer viel los: Kino, Theater, Musik und Museen für Erwachsene und Jugendliche. Hier arbeiten die Regierung und das Parlament. Berühmt ist auch das Brandenburger Tor.

7

In Deutschland gibt es viele große Wälder: In der … liegt der Thüringer Wald, im … der Schwarzwald und im … der Bayerische Wald. Hier kann man gut wandern.

8

Die Elbe fließt von Dresden im … nach Hamburg im … und dann in die Nordsee.

9

Die Städte Bochum, Duisburg und Essen liegen im Ruhrgebiet. Das Ruhrgebiet ist ein Industrie- und Gewerbezentrum im … von Deutschland.

2 **Ergänze die Texte: Wo liegt das? Arbeite mit der Landkarte im Buch.**

> Hamburg ist eine Großstadt im …

3 **Wo ist was in Deutschland, Österreich, in der Schweiz oder in deinem Land? Arbeitet mit der Landkarte im Buch. Fragt in der Klasse.**

> Wo ist der Bayerische Wald?

> Im Süden (von Deutschland).

Ein Ausflug

70

4 Einen Ausflug planen – Was macht Familie Schröder am Wochenende? Höre zu. Was stimmt? Was stimmt nicht?

Am Wochenende ist Pfingsten. Das sind drei freie Tage! Familie Schröder (Vater, Mutter, Timo und Simone) plant einen Ausflug. Die Schröders wohnen in Erfurt. Das ist eine Stadt in der Mitte von Deutschland. Wohin können sie fahren?

Do 16.5.
Fr 17.5.
Sa 18.5. Ausflug??
So 19.5. Pfingstsonntag
Mo 20.5. Pfingstmontag
Di 21.5.
Mi 22.5.

Ich möchte (nicht) ...?
Willst/ Möchtest du ...?
Er/ Sie will/ möchte (nicht) ...

mit dem Auto
mit dem Fahrrad
mit dem Zug
mit dem Schiff

1. [r] [f] Familie Schröder will einen Ausflug machen.
2. [r] [f] Frau Schröder möchte mit dem Fahrrad fahren.
3. [r] [f] Timo will keine Fahrradtour machen.
4. [r] [f] Alle wollen nach Hannover fahren.
5. [r] [f] Herr Schröder will eine Hafenrundfahrt machen.
6. [r] [f] Frau Schröder will mit dem Zug fahren.
7. [r] [f] Simone möchte lieber mit dem Auto fahren.
8. [r] [f] Familie Schröder will um 7.00 Uhr losfahren.
9. [r] [f] Sie übernachten alle im Hotel.

5 Vorschläge (!), Zustimmung (+) und Ablehnung (–) üben – Der Dialogbaukasten auf Seite 81 hilft.

Ich schlage vor, wir fahren ...

Ja, das ...

Nein, das find ich blöd, ich möchte lieber ...

Dialogbaukasten: Einen Ausflug planen

! Vorschläge !	+ Zustimmung +	– Ablehnung –
Ich schlage vor, wir fahren … nach Hamburg / in die Berge / an die Ostsee / ans Meer Ich möchte …	Ja, das finde ich gut. Ich möchte/will auch … Klasse, ich freue mich auf … Gute Idee! Super!	Nein, das finde ich blöd. Das finde ich nicht gut / langweilig. – ! Gegenvorschläge ! – Ich möchte lieber … Können wir nicht nach … fahren? … finde ich viel besser.

6 **Jugendherberge – Lest den Text und macht Notizen:**
Warum ist eine Jugendherberge praktisch?
Was kann man dort machen?

Bei Reisen in Deutschland, Österreich oder der Schweiz können
Jugendliche in Jugendherbergen übernachten. Das ist nicht so teuer
und man findet sie fast in jeder Stadt. In Deutschland gibt es über
600 Jugendherbergen. Viele Jugendherbergen sind in Schlössern
oder Burgen. In den Jugendherbergen kann man schlafen und
essen. Es gibt auch viele Angebote für die Freizeit: Man kann Sport
und Musik machen, es gibt Discos und meistens eine Cafeteria.
Auch Schulklassen, Jugendgruppen und Familien können hier übernachten. Informationen gibt es im Internet (http://www.djh.de).
Man kann aber auch direkt eine Jugendherberge anrufen.

Jugendherberge Nürnberg: Kaiserburg

7 **Vor dem Hören – Timo Schröder ruft die Jugendherberge an.**
Was kann er fragen? Schreibt drei Fragen auf.

8 **Beim Hören – Höre zu, mache Notizen und beantworte die Fragen.**

Wie viele Nächte will Familie Schröder bleiben?
Wann kommen sie an, wann fahren sie ab?
Wie viel kostet eine Nacht für die ganze Familie?

9 **Nach dem Hören – Hört noch einmal. Ergänzt dann den**
Text. Schwer? Die Wörter und Zahlen helfen.

18 – 16,50 – Jugendherberge – Nacht – Frühstück – 12.00 – 13.30 –
Flipper – Billard – Fußball

Für die Jugendherberge braucht man einen Jugendherbergsausweis.
Der kostet … €. Den Ausweis kann man in der … kaufen.
Eine … kostet pro Person … Das ist mit … Das Mittagessen gibt es
von … bis … Uhr. In der Jugendherberge gibt es einen Raum mit …
und … Und neben der Jugendherberge kann man auch Sport machen, z.B. …

Deutsches Jugendherbergswerk
D-32754 Detmold
www.djh.de • service@djh.de

Mario Rohrmann
Emil-Goett-Str. 24
68535 Edingen-Neckarhausen
022 - **52899945** 003 Z

M

19/02/90
Geburtsdatum

Fam/Sen
Kategorie

Unterschrift

Das Wochenende in Hamburg

10 Wo war Familie Schröder? Bilder und Dialoge, ordnet zu.

11 Imbissbude auf dem Fischmarkt
a Familie Schröder hat Hunger. Hört zu. Wer nimmt was?

Antjes Fischbude

Speisen

Fischbrötchen (Hering, Lachs …)	2,90
Krabben (Portion)	4,10
Hamburger	2,40
Pommes frites	1,75

Getränke

Cola/Fanta 0,3	1,80
Mineralwasser 0,3	1,70
Apfelsaft 0,3	1,90
Bier 0,3	2,10

Verkäuferin:	Ja bitte, was möchten Sie?
Vater:	Ich nehme ein Fischbrötchen.
Mutter:	Guck mal, die Krabben, mmmmh!
Simone:	Die sehen aber komisch aus!
Mutter:	Aber die sind lecker und ganz frisch.
Simone:	Nee, ich will nur Pommes.
Timo:	Ich auch, aber ohne Ketchup.
Mutter:	Immer Pommes! Ihr seid langweilig.
Vater:	Also … ein Fischbrötchen, einmal Krabben und zweimal Pommes, bitte.
Verkäuferin:	Möchten Sie auch etwas trinken?
Vater:	Ach ja, zwei Bier, und ihr?
Timo:	Zwei Cola.
Verkäuferin:	Das macht genau 18 € 30.

Herr Schröder isst ein …   Frau Schröder nimmt …   Timo trinkt …

b Variiert den Dialog.

Ja, bitte?
Was möchten Sie?

Was möchtest du / möchtet ihr?
Sonst noch was?

Das macht dann …

Ich nehme …
Ich möchte …

Einen/Ein/Eine …, bitte.
Ja, einen/ein/eine …, bitte.

Nein, danke.

12 Familie Schröder schreibt Postkarten – Wer schreibt was?

Grüße aus Hamburg

Lieber Robert,
herzliche Grüße aus Hamburg. Wir haben viel Spaß,
auch die Kinder. Zu Hause erzählen wir mehr.
Bis bald …

4
Hallo, Tommy,
Hamburg ist genial und die Familie ist auch
o.k.! Hier fahren wir mal zusammen hin!
Dein …

2
Hallo, Uschi!
Wir waren ein Wochenende in Hamburg.
Die Krabben – einfach toll!!
Liebe Grüße …

3
Hi, Moni,
Hamburg, voll cool. 3 Stunden Hafen. Klasse!!!
Das Wetter ist auch super! Ich ruf dich an!
Liebe Grüße

13 Familie Schröder in deiner Stadt – Wähle eine Person und schreibe eine Postkarte.

14 Die Clique ist unterwegs – Hört zu und ordnet zu.

a

b

c

d

1. Ich will nicht mehr und ich kann nicht mehr. Meine Füße tun weh.
2. Oh, mir ist schlecht. Wann sind wir endlich da?
3. Mann, ist das toll hier. Ich kann bis nach Italien sehen.
4. HILFFFEEEEE! Wir wollen wieder runter.

15 Spielt die Situationen.

Beruf Schülerin – Ein Tag in Simones Leben

1 Lesestrategien

a Express-Strategie. Welche Frage passt am besten zum Text?

1. Was macht Simone am Wochenende?
2. Was macht Simone in der Schule?
3. Was macht Simone jeden Tag?
4. Was macht Simone in der Woche?

Mein Beruf ist Schülerin und mein Tagesablauf ist ganz normal: Ich stehe immer um 6 Uhr 30 auf (natürlich nur von Montag bis Freitag), dann dusche ich mich und frühstücke, packe die Schultasche und gehe in die Schule. Aber eigentlich fängt der Tag für mich erst nach der Schule an. Wenn ich wieder zu Hause bin, warten noch die Hausaufgaben auf mich. Ich brauche meistens zwei Stunden! Aber ich sage immer: Lieber erst die Hausaufgaben machen und dann Freizeit als umgekehrt.

Nach den Hausaufgaben gehe ich oft zum Kiosk und kaufe mir etwas zum Trinken. Meistens einen „Eistee". Am Kiosk treffe ich mich mit Ilse und Claudia. Das sind meine Freundinnen. Wir spielen oft zusammen Federball oder Karten. Manchmal quatschen wir aber auch nur. Das findet ihr vielleicht nicht so interessant, aber wir haben immer viel Spaß. So um halb sechs gehe ich wieder nach Hause. Um sechs Uhr (pünktlich!) gibt es dann immer Abendessen. Dann kommt mein Vater von der Arbeit und mein Bruder

ist auch da. Das ist für uns die „Familienstunde". Wir essen zusammen und reden ein bisschen. Wir sehen oft zusammen fern und manchmal spielen wir auch etwas. Um neun bin ich immer schon total müde und gehe ins Bett. Manchmal lese ich dann noch ein paar Seiten. In der Woche gehe ich fast nie aus. Am Wochenende gehe ich manchmal auf eine Party oder zu Freunden. Ich muss aber fast immer schon um zehn zu Hause sein. Meistens holt mich dann mein Vater mit dem Auto ab.

b Schnüffel-Strategie. Lest den Text noch einmal. Welche Aussagen sind richtig?

1. Simone steht auf und dann duscht sie sich.
2. Der Tag fängt für sie erst nach der Schule an.
3. Zu Hause warten keine Hausaufgaben auf sie.
4. Am Kiosk trifft sie ihre Freundinnen.
5. Abendessen gibt es immer um 17 Uhr 30.
6. Sie geht immer erst nach 22 Uhr ins Bett.
7. Sie geht von Partys meistens nicht allein nach Hause.

2 Was macht Simone? Lest die Sätze mit den Angaben vor.

immer ——► meistens ——► oft ——► manchmal ——► nie

Sie steht immer ...

1. Sie steht ... um 6 Uhr 30 auf.
2. Sie geht am Nachmittag ... zum Kiosk.
3. ... quatscht sie dort mit Ilse und Claudia.
4. Sie haben ... viel Spaß.
5. Die Familie sieht ... zusammen fern.
6. Simone geht fast ... schon um 9 Uhr ins Bett.
7. ... liest sie dann noch ein bisschen.
8. In der Woche geht sie fast ... weg.
9. Am Wochenende geht sie ... auf eine Party.
10. ... holt sie ihr Vater mit dem Auto ab.

3 Eine Fantasiewoche, ein Fantasietag – Schreibt einen Text.

Am Montag fliege ich in die USA.
Am Dienstag gehe ich mit dem
Mathelehrer ins Kino.
Am Mittwoch ...

...

7 Uhr: Der Wecker klingelt nicht. Ich
stehe nicht auf!
10 Uhr: Mein Englischlehrer schaltet
den Fernseher ein. Meine Mathelehrerin
bringt das Frühstück. Ich trinke
Orangensaft und esse 2 kg Cornflakes.
12 Uhr 30: ...

4 Was macht Turbo? Seht die Bilder an. Hört dann zu, macht Notizen und erzählt.

*Zuerst schläft Turbo, dann wacht er auf.
Dann ...*

Pronomen im Akkusativ

5 Personalpronomen. Vergleicht die zwei Listen. Was ist gleich? Was ist anders?

Nominativ	ich	du	er	es	sie	wir	ihr	sie
Akkusativ	mich	dich	ihn	es	sie	uns	euch	sie

6 Pronomen üben – Lest den Satz mit dem richtigen Pronomen vor.

1. „Alles Gute zum Geburtstag, Simone! Das Geschenk ist für **euch/dich/uns**!"
2. Simone: „Für **sie/ihn/uns** alle ist das Abendessen die ‚Familienstunde'!"
3. Herr Schmidt hilft bei der Mathearbeit. Wir mögen **ihn/sie/es** sehr!
4. Simone: „Für **sie/mich/ihn** beginnt der Tag erst nach der Schule."
5. Herr Schmidt: „Ich finde **uns/dich/euch** sehr nett. Ihr seid meine beste Klasse!"
6. Boris, Biene, Cora, Rudi und Turbo: „Alle mögen **sie/uns/mich**".
7. Cora schenkt Boris Schokolade, aber er mag **sie/es/euch** nicht.
8. „Und, wie ist dein neues Handy?" „Ich habe **mich/ihn/es** nicht gekauft, es war zu teuer!"

7 Reflexivpronomen – Schreibt die Personalpronomen im Akkusativ an die Tafel und ordnet die Reflexivpronomen zu. Ergänzt dann den Lerntipp.

sich – euch – mich – sich – dich – sich – uns – sich

Personalpronomen	Reflexivpronomen							
mich	mich							
dich	...							
...								

Lerntipp   Die Reflexivpronomen sind einfach für dich: Die 3. Person ist ...

8 Pronomen üben – Ergänzt die Sätze und Minidialoge.

1. Boris und Turbo kennen ... schon zwei Jahre.
2. ● Wo ist Stefan?
   ○ Ich weiß nicht, aber ich sehe ... heute Nachmittag am Kiosk.
3. ● Wo ist euer Auto?
   ○ Es ist kaputt! Wir kaufen ... jetzt Fahrräder.
4. Tobias freut ... auf seinen Geburtstag.
5. Treffen wir ... um 14 Uhr vor dem Kino?
6. Herr Schmidt ärgert ... über die Mathearbeit.
7. Wir freuen ... auf die Ferien!

Berufe

9 **Welche Berufe kennt ihr? Sucht im Buch und sammelt an der Tafel. Zu schwer? Die Sätze unten helfen.**

1: K... – 2: H... – 3: S... – 4: D... – 5: B... – 6: L... – 7: F... – 8: K... – 9: G...

Der K... sucht Bora. In jeder Schule gibt es einen H... Unsere S... heißt ... . Der D...ist der Boss an der Schule. Der B... fährt mich jeden Morgen zur Schule. Wir haben an der Schule viele L... In Deutschland gibt es sogar einen F... für Hunde. Mein Papa Harald ist K... und meine Mutter ist G... .

10 **Welche Berufe passen zu den Zeichnungen? Was war leicht? Was war schwer?**

A...   A...   B...   Ä...

Sch...   B...   P...   M...

Schauspieler/-in – Schreiner/-in – Architekt/-in – Designer/-in – Automechaniker/-in – Bauer/Bäuerin – Computerspezialist/-in – Frisör/-in – Fußballspieler/-in – Taxifahrer/-in – Tierarzt/-ärztin – Zahnarzt/-ärztin – Model – Pilot/-in – Rechtsanwalt/-anwältin – Politiker/-in – Polizist/-in – Bäcker/-in

11 **Welche Berufe interessieren euch? Ergänzt die Liste.**

12 **Hört die Berufe und übt die Aussprache.**

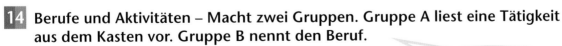

77

13 **Berufe und typische Geräusche – Hört zu. Erkennt ihr die Berufe?**

78

14 **Berufe und Aktivitäten – Macht zwei Gruppen. Gruppe A liest eine Tätigkeit aus dem Kasten vor. Gruppe B nennt den Beruf.**

transportiert Leute im Auto
backt Brot und Kuchen
redet oft im Fernsehen
macht Tiere gesund
ist schön und bekommt viel Geld

repariert Zähne
macht Essen im Restaurant
macht die Haare schön
hat oft viele Tiere
repariert Autos

Sie repariert Zähne.

Das ist eine Zahnärztin.

Er sucht Kriminelle.   *Das ist ein ...*

15 Beruferaten mit Pantomime –
Macht eine typische Bewegung.
Die anderen raten.

16 Berufe im Tagesablauf – Welche Berufe siehst du?

Morgens sehe ich immer den Busfahrer.

17 Was muss Olli zu Hause machen?

a Lies den Text. Welche Bilder passen zum Text?

Bild ... passt zu Zeile ...

1

2

3

4

```
Standard    ▼  12 ▼   ⊞  A A A A  ⋮≡ ⋮≡ ⋮≡ ⋮≡  ≣▼ ▼

   Hallo, Leute,
   ich bin Olli und ich bin 12 Jahre alt. Ich habe viele Berufe bei uns zu
   Hause: Babysitter, „Auf-den-Hund-Aufpasser", „Rasenmäher"… ☺ ☺ – na ja,
   aber im Ernst: Meine Mutter sagt, ich habe „Aufgaben".
5  Also, ich muss jeden Tag um 7 Uhr den Tisch decken für das Abendessen.
   Dann muss ich auch jeden zweiten Tag das Wohnzimmer saugen und jeden Tag
   am Nachmittag mit Rudi, das ist unser Hund, eine halbe Stunde spazieren
   gehen und spielen. Und ich muss immer die Geschirrspülmaschine leer
   machen. Einmal oder zweimal im Monat gehen meine Eltern aus und dann bin
10 ich Babysitter. Ich muss dann auf meine Schwester Maria (ein Jahr) auf-
   passen. Aber dann bekomme ich immer drei Euro in der Stunde! Aber ich
   helfe gern. Meine Mutter hat auch „Aufgaben": Sie fährt mich zum Sport,
   zu Freunden und ins Kino. Und sie hilft mir manchmal bei den Hausaufgaben.
   Alles o.k. Und wie ist das bei dir??
```

b Wie ist das bei dir? Schreibe eine Antwort für Olli.

18 Personen beschreiben – Arbeitet zu zweit. Seht die Fotos an. Gebt den Personen einen Namen, einen Beruf und beschreibt einen Tag in ihrem Leben.

Draculas Nacht

19 Hört und singt das Lied.

1, 2, 3, 4, Dracula,
5, 6, 7, 8, Dracula
erwacht, erwacht um Mitternacht.
Die Uhr schlägt zwölf,
ich hör es schon:
Dracula am Telefon.
Es klappert sein Gebiss.
Es klappert sein Gerüst.
Die Leichen tanzen Rock 'n' Roll,
bei Nacht, bei Nacht,
bei Nacht im Mondenschein.

1 Gute Wünsche: Was sagt man wann in Deutschland und bei euch?

Am 24. Dezember: …
Marek schreibt in der Schule einen Test: …
Sandro hat Geburtstag: …
Familie Schröder fährt in die Ferien: …
Dein Freund ist krank: …
Am Ostersonntag: …
Im Restaurant vor dem Essen: Das Essen kommt: …

Froh… …	Froh… …	Gu… …	All… … … …
Gu… …	Schö… …	Vi… …	

2 Was machen wir am Sonntagnachmittag? Übt Dialoge zu zweit. Der Dialogbaukasten auf S. 81 hilft.

Wollen wir zusammen schwimmen gehen?

Nein, heute nicht. Das Wetter ist zu schlecht. Wir können zu Hause Musik hören.

Ja gut, das machen wir!

Vorschlag

1. schwimmen gehen?
2. Mario besuchen?
3. auf den Sportplatz gehen?
4. zu Hause Tee trinken?
5. zu Hause fernsehen?
6. Computerspiele machen?

Antwort (—) / Vorschlag

Wetter zu schlecht / zu Hause Musik hören
Keine Lust! / ins Jugendzentrum gehen
zu langweilig / ins Kino gehen
mag keinen Tee / Eis essen gehen
Wetter zu schön / in die Stadt fahren
Spiele sind zu alt / im Internet Musik suchen

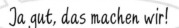

+

O.k.! Gute Idee!

3 Ein Spiel – Was ist wo in der Schule?

1. Notiert sechs Räume in der Schule: die Cafeteria, die Toilette, die Sporthalle …
2. Jeder zeichnet zwei Schulen und schreibt die Räume in Schule A.
3. Fragt wie im Beispiel:

○ Ist die Cafeteria im Erdgeschoss links?
● Nein. Ist das Lehrerzimmer …?
○ Ja.
● Treffer! Ist die …?

4 Wo *warst du am …* ? Frag deinen Partner / deine Partnerin.

Wo warst du am Freitagmorgen?

Am Freitagmorgen war ich in der Schule.
Und wo warst du am Samstagmorgen?

Am Samstagmorgen war ich im Schwimmbad.

Wochenplan 1	…morgen	…nachmittag	…abend
Freitag…			
Samstag…	im Schwimmbad	im Jugendclub	
Sonntag…			zu Hause
Montag…		Gitarrenunterricht	im Kino

Wochenplan 2	…morgen	…nachmittag	…abend
Freitag…	in der Schule	zu Hause	zu Hause
Samstag…			im Jugendzentrum
Sonntag…	im Bett	bei Opa und Oma	
Montag…	im Schwimmbad		

5 **Familie Schröder auf dem Weg nach Hamburg. Was ist passiert?**
Ergänze den Text mit Präpositionen und Artikeln.

auf der – auf der – auf dem – im – im – in die – nach – nach – nach – unter dem – neben dem – mit dem – mit der – vor dem

Familie Schröder will [1] Auto [2] Hamburg fahren. Was ist los? Das Auto fährt nicht mehr. Es steht [3] Straße. Timo sitzt [4] Auto und hört Walkman. Simone sitzt [5] Auto und ist sauer. Frau Schröder steht [6] Auto und fragt: „Wann fahren wir weiter?" Keiner antwortet. Herr Schröder liegt [7] Auto. Er kann nichts sehen. Da kommt die Polizei und sagt: „Sie dürfen hier [8] Straße nicht parken!" „Ha, ha, sehr lustig", sagt Timo, „wir wollen gern weiterfahren, aber wir können nicht." Sie rufen ein Taxi. Bald sitzen alle [9] Taxi und fahren [10] Hause. Dann fahren Sie [11] Eisenbahn [12] Hamburg. Sie gehen [13] Jugendherberge. Dort ruft Timo plötzlich: „Die Tasche! Die Tasche, sie steht noch [14] …"

6 **Sonntag ist schön – Was ich am Sonntag *nicht* mache.**

7 Uhr aufstehen – duschen – Schule gehen – (keine) Hausaufgaben – Klavier üben – Mutter helfen – (keine) Englischbücher lesen – (keine) Wörter lernen – Zimmer aufräumen – Tisch decken …

Ich stehe nicht um 7 Uhr auf.
Ich lerne keine …

7 **Wörter trainieren – Was passt gut zusammen? Schreibe Sätze mit je einem Element aus 1 und 2.**

1		2	
Geschenke	Geburtstag	feiern	bekommen
einen Ausflug	eine Mathearbeit	sein	machen
Fahrrad	mit Freundinnen	machen	fahren
Postkarten	Theater	vorbereiten	spielen
Fotos	Radio	sehen	telefonieren
deutsche Filme	13 Jahre alt	schreiben	hören

Am Wochenende feiere ich meinen Geburtstag.

8 Laufdiktat – Texte lesen, Texte behalten, laufen und diktieren.

Familie Schröder macht einen Ausflug nach Hamburg. Zuerst gehen sie in die Jugendherberge. Danach machen sie eine Hafenrundfahrt. Dann kaufen sie vier Postkarten und schreiben sie an Freunde und Verwandte.

> Dann kaufen sie vier Postkarten.

> Dann kaufen sie vier Postkarten.

> Dann kaufen sie vier Postkarten.

9 Interviewspiel: Lauft durch die Klasse und sammelt „Ja"-Antworten und Unterschriften. Eure Lehrerin hat das Arbeitsblatt.

10 Schulferien

a Lest den Text, schreibt einen Text und vergleicht.

Schulferien in Deutschland

In den deutschen Schulen gibt es ungefähr 12 Wochen Ferien im Jahr. 6 Wochen Sommerferien im Juni, Juli oder August/September. An Ostern und Weihnachten gibt es zwei oder drei Wochen. Die Termine sind in den Bundesländern nicht gleich. Es gibt in Deutschland viele Feiertage. Der 3. Oktober ist der Nationalfeiertag. Da ist auch schulfrei.

Schulferien bei uns

Bei uns gibt es ungefähr ...

b Vergleicht: Von wann bis wann habt ihr Ferien? Welche Tage sind frei?

Ferienkalender	Bayern	Sachsen
Weihnachten	23.12. – 5.1.	22.12. – 2.1.
Winter	–	12.2. – 23.2.
Ostern/Frühjahr	9.4. – 21.4.	17.4. – 30.4.
Pfingsten	5.6. – 15.6.	2.6. – 5.6.
Sommer	26.7. – 10.9.	28.6. – 8.8.
Herbst	29.10. – 2.11.	8.10. – 19.10.

Die Schule ist aus. Sommerferien!

11 Postkarten

a Welcher Text passt zu welcher Postkarte?

1
Liebe Monika,
herzlichen Glückwunsch!
Wann machst du deine Party?
Ich habe auch ein Geschenk.
Dein Markus

Grüße aus Berlin

Du hast Grund zum Feiern
Alles Gute
für dein
neues Lebensjahr!

2
Herzliche Grüße
von der Insel Helgoland.
Hier ist es sehr kühl.
Wir hatten viel Regen.
Schwimmen war unmöglich.
Dein Marc

3
Lieber Opa, liebe Oma,
wie geht es euch? Hier in Luzern ist es
sehr schön. Das Wetter ist fantastisch.
Jeden Tag Sonne und 25 Grad.
Viele Grüße
Klaus
P.S.: Ich besuche euch bald!

Gruß aus Luzern

4
Hallo, Leute!
Viele Grüße aus der Hauptstadt.
Die Stadt ist toll!
Es gibt super CD-Läden.
Heute geht unsere Klasse zum Parlament.
Gestern waren wir im Museum.
Jeden Tag Tourismus.
Bis bald!
Eure Isa

und Meer – der Norden hat's

b Schreibe eine Postkarte.

1. Ferienpostkarte – Was machst du? Wo warst du gestern? Wie war das Wetter?
2. Geburtstagskarte – Deine Lehrerin / Dein Lehrer hat Geburtstag.

VIDEO

12 **Der Job – Klärt folgende Wörter mit dem Video.**

Briefkasten (Post/Haus) – Keine Werbung! –
Zeitungen austragen – Müllcontainer

13 **Was muss/darf Markus machen?**

1. Er muss in die Schützenstraße gehen.
2. Er darf die Zeitungen in alle Briefkästen stecken.
3. Er muss in zwei Stunden fertig sein.

14 **Ollis Berufe – Was passt zusammen?**

Er deckt	das Auto.
Er saugt	den Rasen.
Er wäscht	den Tisch.
Er mäht	Hausaufgaben.
Er trägt	Staub.
Er macht	Zeitungen aus.

15 **Monikas Geburtstag – Korrigiert den Text mit dem Video.**

Monika hat am Freitag Geburtstag. Die Party ist am Samstag.
Die Video-AG kommt. Markus ist der DJ. Die Party beginnt
um fünf. Sie darf bis elf Uhr feiern. Alle müssen etwas zum
Trinken mitbringen. Es muss gut schmecken. Markus und Olli
sagen: „Döner schmecken gut." Sie kaufen acht Döner und
Cola. Monika findet Döner eine tolle Idee.
Dann essen alle Döner und tanzen und spielen Computer.

AUSSPRACHE

16 **Satzmelodie**

a Höre zu und vergleiche.

Ich gehe morgen ins Kino. ↘	(Aussagesatz)
Gehst du morgen ins Kino? ↗	(Ja/Nein-Fragesatz)
Wann gehst du ins Kino? ↘	(W-Fragesatz)

81

b Höre zu und entscheide: ↘ oder ↗?

82

LERNEN MIT SYSTEM

17 Lesen mit Strategie: Eine Homepage auf Deutsch

a Die Express-Strategie

Die ersten zehn Sekunden.

Geht es auf dieser Seite um: a) ein Schloss?   b) Sport?   c) eine Jugendherberge?

1   2   3   4

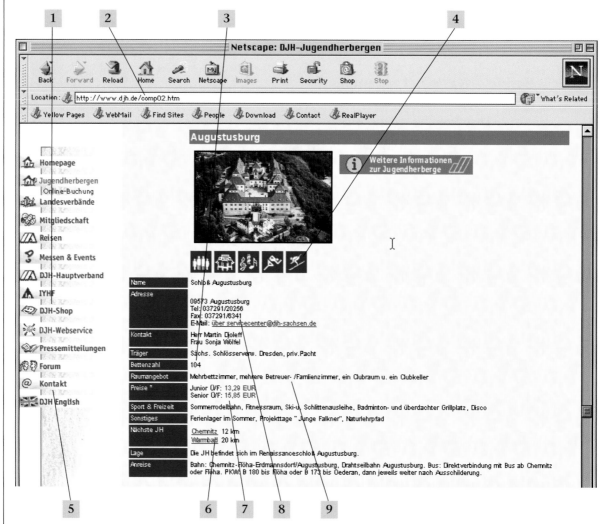

5   6   7   8   9

b Die Schnüffel-Strategie

Das interessiert mich. Nenne die Nummer der Information.

a) Gibt es Zimmer für Familien?
b) Hat die Jugendherberge ein Fax?
c) Kann ich da Ski fahren?
d) Kann ich auf der Homepage einkaufen?
e) Gibt es eine Stadt in der Nähe?

f) Kann ich eine E-Mail schreiben?
g) Was kostet die Übernachtung für meine Eltern?
h) Wie ist die Internetadresse?
i) Wie viele Betten gibt es?

18 Das „geni@l-Millionenspiel" – Ein Landeskundequiz
Eure Lehrerin / Euer Lehrer hat die Spielregeln und die Aufgaben.

Wie heißt die Hauptstadt
von Deutschland?
[a] Wien
[b] Hamburg
[c] Berlin
[d] München

Welches Schulfach gibt es
nicht an der „Goethe-Schule"?
[a] Biologie
[b] Kunst
[c] Informatik
[d] Polnisch

19 Ein Quiz zum Lehrwerk selbst machen. Jede Gruppe schreibt zwei Fragen
zu einer Einheit von *geni@l*. Dann spielt ihr das Quiz im Kurs.

Wie ist die Homepage-Adresse
der Goethe-Schule?
www.goethe.de
www.goetheschule-kassel.de
www.kassel-schule-goethe.de

20 Teste dich selbst – Grammatiksprache: Was kenne ich?

a Ordne zu.

1. Ich habe **keine** Papageien.
2. **Meine** Großmutter ist schon über 80 Jahre alt.
3. **Lest** bitte den Text!
4. Elvis Presley **war** ein Rock-'n'-Roll-Sänger.
5. Wie komme ich **zum** Bahnhof, bitte?
6. In Italien ist das Eis **besser als** in Spanien.
7. **Kannst** du meine Hausaufgaben **machen**?
8. Wann **fängt** das Konzert **an**?
9. **Wann** hast du Ferien?
10. Kennst du Tom? Nein, ich kenne **ihn** nicht.
11. Interessiert **sich** Turbo für Hunde?

a) trennbare Verben
b) vergleichen: *gut – besser …*
c) Präteritum
d) Präpositionen mit Dativ
e) Modalverben/Satzklammer
f) Imperativsätze
g) W-Fragen
h) Possessivartikel
i) Verneinung (Nomen)
j) Reflexivpronomen
k) Personalpronomen im Akkusativ

b Schreibe zu jedem Beispiel noch einen Satz.

c Diskutiert: Was war schwer und was war leicht?

21 Schüler sprechen über ihren Unterricht

a Diskutiert über die Aussagen.

1. Ich bin im Unterricht immer sehr aktiv.
   Ich sage fast immer etwas und ich frage viel.
2. Ich arbeite gern mit anderen.
3. Ich finde Deutsch schwer. Ich muss für den
   Unterricht immer lange und viel arbeiten.
4. Im Deutschunterricht fühle ich mich gut.
   Ich habe hier viele Freunde.
5. Ich höre lieber zu und sage nicht oft etwas.
   Ich arbeite lieber allein.
6. Deutsch macht mir Spaß. Ich muss nicht viel
   für den Deutschunterricht arbeiten.

**b Bist du zufrieden? Willst du etwas ändern? Was kannst du ändern?
Wer/Was kann dir helfen?**

22 Deutsch lernen mit *geni@l* – über das Lehrwerk diskutieren.

1. Welche Einheit hat euch am besten gefallen?
2. Welche Einheit habt ihr nicht gern gemacht? Warum nicht?
3. Deutsch sprechen, schreiben, hören, lesen mit *geni@l* –
   Was hat euch im Unterricht am meisten Spaß gemacht? Wo waren die Probleme?
4. Spiele und Lieder in *geni@l* – Was war am besten?
5. …

23 Das Lernen lernen im Deutschunterricht. Sprecht über die Aussagen.

Was macht ihr: 100 % immer ⟶ oft ⟶ manchmal ⟶ selten ⟶ nie   0 %

1. Ich arbeite mit Lernkärtchen.
2. Ich organisiere meine Lernzeit.
3. Ich mache meine Hausaufgaben.
4. Bei Problemen frage ich die anderen Schüler
   oder meine Lehrerin / meinen Lehrer.
5. Mein Arbeitsplatz ist ordentlich aufgeräumt.
6. Ich lese und höre mit Strategien.
7. Ich spreche, höre und lese nicht nur im Deutschunterricht.
8. Ich sehe deutsches Fernsehen, höre Radio …
9. Ich spreche manchmal mit Touristen …
10. …

Mein Arbeitsplatz ist nie aufgeräumt.

Grammatik im Überblick

Das findest du hier:

Symbole auf S. 100–108:

▶ 11 = Kommt in Einheit 11 vor.

▶ G 12 = Mehr Informationen gibt es bei Punkt 12 in der „Grammatik im Überblick".

Einheit 1–5

SÄTZE

▶ 1, 2, 4

1 Fragen mit W-Wort und Antworten

	Position 1	Position 2		Position 1	Position 2		
🧍	Wer	ist	das?	Das	ist	Cora.	Personen
🚗	Was	ist	das?	Das	ist	ein VW.	Sachen
🏰	Wo	wohnst	du?	Ich	wohne	in Wien. In Wien.	Orte
	Woher	kommst	du?	Ich	komme	aus Polen. Aus Polen.	
	Wie	heißt	du?	Ich	heiße	Cora.	
	Wie alt	ist	Sabine?	Sie	ist	zwölf.	
	Wie viel Uhr	ist	es?	Es	ist	acht.	
	Welche Wörter	verstehst	du?				

▶ 1, 3

2 Fragen ohne W-Wort und Ja/Nein-Antworten

Magst	du	Sport?	Ja, sehr. Nein, ich mag Musik.
Ist	das	Berlin?	Nein, das ist Potsdam. Ja.

▶ 1, 4

3 Adjektive im Satz (nach dem Verb)

Das Foto	ist	**interessant.**
Am Samstag	ist	**schulfrei.**
Ist	morgen	**schulfrei?**
Mathe	ist	**cool!**

▶ 2

4 Das Verb *können* im Satz

Ich **kann** Gitarre **spielen**.

Kannst du auch Gitarre **spielen**?

WÖRTER

5 Nomen und bestimmte Artikel: *der, das, die*

▶ 3

 der das  die

Singular: **der** Ball   **das** Heft   **die** Tasche
Plural: die Bälle   die Hefte   die Taschen

6 Nomen und unbestimmte Artikel: *ein, eine*

▶ 3

bestimmte Artikel: der Ball   das Heft   die Tasche

unbestimmte Artikel: ein Ball   ein Heft   eine Tasche

     der/das → ein   die → eine

7 Nomen: Verneinung mit *kein, keine*

▶ 3

der Spitzer   das Lineal   die Schere

Das ist kein Ball,   Das ist kein Heft,   Das ist keine Tasche,
das ist ein Spitzer.   das ist ein Lineal.   das ist eine Schere.

8 Nomen: Komposita

▶ 3

der Ball   das Heft   die Tasche

der Fußball   das Schulheft   die Schultasche

► 4

9 Nomen: Pluralformen

	Singular 👤	Plural 👨‍👩‍👧
(ä/ö/ü) –	das Mädchen der Vater	die Mädchen die Väter
-s	das Auto	die Autos
-n	die Sprache	die Sprachen
-en	die Zahl	die Zahlen
-nen	die Schülerin	die Schülerinnen
(ä/ö/ü)-e	der Kurs der Stundenplan	die Kurse die Stundenpläne
(ä/ö/ü)-er	das Fach	die Fächer

► 4, 8

10 Verbstamm und Verbendungen

Infinitiv: (wohnen)

Verbstamm: Verbendungen:

(wohn-)   (-e) (-st) (-t) (-en) (-t) (-en)

regelmäßig – Die Endung ändert sich.		unregelmäßig – Der Verbstamm und die Endung ändern sich.		
	schwimmen	geben	mögen	sein
er/es/sie	schwimmt	gibt	mag	ist

► 1, 2, 4

11 Verben und Personalpronomen

Singular

	lernen	lesen	sein	haben	mögen	können
ich	lerne	lese	bin	habe	mag	kann
du	lernst	liest	bist	hast	magst	kannst
er/es/sie	lernt	liest	ist	hat	mag	kann

Plural

	lernen	lesen	sein	haben	mögen	können
wir	lernen	lesen	sind	haben	mögen	können
ihr	lernt	lest	seid	habt	mögt	könnt
sie/Sie*	lernen	lesen	sind	haben	mögen	können

* Sie = formelle Anrede: Wie heißen Sie?

Einheit 6–10

SÄTZE

12 Fragesätze

▶ 7

Position 1		Position 2		
Wann		fängt	das Kino	an?
Um **wie viel** Uhr		fängt	das Kino	an?

13 Fragen mit *welcher, welches, welche*

▶ 8

	Nominativ	Akkusativ
der Comic	Welcher Comic ist interessant?	Welchen Comic findest du gut?
das Auto	Welches Auto ist teuer?	Welches Auto möchtest du haben?
die Party	Welche Party ist am besten?	Welche Party magst du?
	Welche Comics/Autos/Partys sind am besten?	Welche Comics/Autos/Partys magst du?

14 Sätze mit Zeitangaben

▶ 8

Um 9 Uhr	fängt	das Kino	an.
Am Nachmittag	fahre	ich	Rad.
Am Sonntagmorgen	schwimme	ich.	
Heute	lerne	ich	meine Vokabeln.

Das Kino	fängt	**um 9 Uhr**	an.
Ich	fahre	**am Nachmittag**	Rad.
Ich	schwimme	**am Sonntagmorgen**.	

15 Imperativsätze

▶ 9

Lesen	Sie	bitte den Satz!	
Hör		bitte	zu !
Schlagt		bitte das Buch	auf !

16 Sätze mit trennbaren Verben

▶ 7

Ich	schreibe	einen Satz	ab.
Bitte	nimm	den Hund	mit!
	Rufst	du bitte meine Mutter	an?

WÖRTER

► 2, 3,
6, 9

17 Nomen und Artikel (Überblick): bestimmter, unbestimmter Artikel, Possessivartikel

Nominativ	Akkusativ		Nominativ		Akkusativ	
Das ist …	Ich suche …		Das ist …		Ich habe …	
der Hund.	den Hund.		ein mein kein	Hund.	einen meinen keinen	Hund.
das Kaninchen.	das Kaninchen.		ein mein kein	Kaninchen.	ein mein kein	Kaninchen.
die Katze.	die Katze.		eine meine keine	Katze	eine meine keine	Katze.

► 6, 9

18 Possessivartikel: Nominativ und Akkusativ

	Nominativ (Singular)		Akkusativ (Singular)		
	Das ist …		Ich suche/mag …		
ich	mein	meine	meinen	mein	meine
du	dein	deine	deinen	dein	deine
er/es	sein	seine	seinen	sein	seine
sie	ihr	ihre	ihren	ihr	ihre
wir	unser	unsere	unseren	unser	unsere
ihr	euer	eure*	euren	euer	eure*
sie/Sie	ihr/Ihr	ihre/Ihre	ihren/Ihren	ihr/Ihr	ihre/Ihre
	… Hund/Kaninchen.	… Katze.	… Hund.	… Kaninchen.	… Katze.

Nomen im Plural: die Hunde / die Kaninchen / die Katzen

Das sind / Ich suche meine/deine/seine/ihre/unsere/eure*/ihre/Ihre Hunde/Kaninchen/Katzen.

* Bei eure fällt das e weg.

► 7

19 Präpositionen: *in* + bestimmter Artikel (Akkusativ)

Kommst du mit <u>ins</u> Kino?

Ich weiß noch nicht.

der Park
das Konzert
die Disco

Wir gehen heute …
… **in den** Park.
… **ins** Konzert.
… **in die** Disco.

in + das → ins

20 Trennbare Verben

▶ 7 / G16

Ich ⟨ stehe ⟩ am Sonntag um 9 Uhr ⟨ auf ⟩.

⟨ ab | holen ⟩   ⟨ auf | stehen ⟩   ⟨ mit | kommen ⟩   ⟨ vor | lesen ⟩   ⟨ zu | hören ⟩

Diese Verben aus den Einheiten 1–9 kann man trennen:

abholen – abschließen – anfangen – ankreuzen – anmachen – anrufen – anschreiben – ansehen –
anziehen – aufhören – aufmachen – aufpassen – aufräumen – aufschlagen – aufschreiben –
aufstehen – aufwachen – einsammeln – mitgehen – mitkommen – nachschlagen – nachsprechen –
vorbeikommen – vorlesen – vorspielen – zuhören

21 Imperativformen

▶ 9 / G 15

Präsens	Imperativform	Imperativsatz	
du schreibst	~~du~~ schreib~~st~~	Schreib bitte den Satz.	*du*-Form
du liest	~~du~~ lies~~t~~	Lies bitte den Satz.	
ihr schreibt	~~ihr~~ schreibt	Schreibt bitte den Satz.	*ihr*-Form
ihr lest	~~ihr~~ lest	Lest bitte den Satz.	
Sie sprechen	sprechen **Sie**	Sprechen Sie bitte.	*Sie*-Form
Sie lesen	lesen **Sie**	Lesen Sie bitte.	

⚠ Imperativsätze mit „bitte" sind höflicher.

22 Verben mit Akkusativ

▶ 6

Unser Lehrer fährt (+A) einen VW.
Er findet (+A) seinen VW super.
Er hat (+A) aber auch ein Fahrrad.

23 Verben verneinen mit *nicht*

▶ 7

Kommst du heute Abend mit ins Kino?

Tut mir Leid, ich kann heute nicht.
Wir schreiben morgen einen Test.

Ich	⟨ gehe ⟩	heute	nicht	ins Kino.
Ich	⟨ kann ⟩		nicht	mitgehen.
Das	⟨ geht ⟩		nicht.	
⟨ Gehst ⟩	du		nicht	mit?

24 Adjektive: Komparation von *gern* und *gut*

▶ 8

Ich fahre gern Ski.   Spaghetti finde ich gut.
Ich gehe lieber ins Kino.   Pizza finde ich besser als Spaghetti.
Ich lese am liebsten.   Hamburger finde ich am besten.

Einheit 11–15

SÄTZE

▶ 12, 13 / G 12

25 Fragesätze: *wo? wohin?*

Wo	ist	hier die Bibliothek?
Wohin	fahrt	ihr am Wochenende?

▶ 7, 11 / G 12

26 Sätze mit Zeitangaben: *wann?*

Ich	habe	**im Oktober**	Geburtstag.
Im Oktober	habe	ich	Geburtstag.
Ich	habe	**am 21. April**	Geburtstag.
Am 21. April	habe	ich	Geburtstag.

▶ 14

27 Sätze mit Frequenzangaben: *wie oft?*

immer → meistens → oft → manchmal → nie

Manchmal	geht	Simone um 9 Uhr	ins Bett.
Simone	geht	**manchmal** um 9 Uhr	ins Bett.
Meistens	liest	sie	ein Buch.
Sie	liest	**meistens**	ein Buch.
Sie	steht	**immer** um 7 Uhr	auf.
Sie	geht	**oft**	ins Kino.
Sie	geht	**nie**	aus.

▶ 2, 11, 13 / G 4, 20

28 Sätze mit Modalverben (Satzklammer)

Ich	muss	Hausaufgaben	machen.
Ich	darf	bis 22 Uhr	ausgehen.
Ich	will	nicht mit dem Auto	fahren.
Wie lange	darfst	du	ausgehen?
	Kannst	du	schwimmen?
Wohin	willst	du am Wochenende	fahren?

29 Präpositionen: *wann + am, im, um*

▶ 4, 11 / G 19

Mandy hat	am	ersten April (1. 4.) ersten Vierten	Geburtstag.	Datum
		Sonntag		Tag
Ich komme	am	Nachmittag.		Tageszeit
Carla hat	im	Februar Winter	Geburtstag.	Monat Jahreszeit
Ich komme	um	5 Uhr.		Uhrzeit

30 Präpositionen *an, in, nach*

▶ 7, 13 / G 19, 29

Wohin fährt Familie Schröder?

der Rhein	Sie fährt	**an den**	Rhein.	
das Meer		**ans**	Meer.	an + das → ans
die Nordsee		**an die**	Nordsee.	
der Wald		**in den**	Wald.	
das Dorf		**ins**	Dorf.	in + das → ins
die Schweiz		**in die**	Schweiz/Türkei.	Land mit Artikel
		nach	Norddeutschland/ Polen/Italien.	Land, ohne Artikel
			Hamburg/Berlin.	Stadt

31 Präpositionen *auf, an, in, hinter, neben, vor, unter* + **bestimmter Artikel: wo + Dativ**

▶ 12 / G 19, 29-30

Wo ist der Wecker?

Der Wecker hängt <u>an</u> der Wand.

hinter dem Bett

vor dem Bett

auf dem Bett

im Bett

neben dem Bett

unter dem Bett

Nominativ				Dativ	
Singular					
der Stuhl	Turbo sitzt	**neben** **hinter**		dem Stuhl.	der/das → dem
das Sofa	Turbo sitzt	**auf** **unter** **vor**		dem Sofa.	
die Cafeteria	Boris sitzt	**in**		der Cafeteria.	die (Sg.) → der
die Wand	Das Poster hängt	**an**		der Wand.	
Plural					
die Taschen	Die Bücher sind	**in**		den Taschen.	die (Pl.) → den

in + dem → **im**	Boris liegt **im** Bett. Boris sitzt **im** Auto.
an + dem → **am**	Die Tasche hängt **am** Stuhl.

▶ 14

32 Personalpronomen und Reflexivpronomen im Akkusativ

Personalpronomen		Reflexivpronomen
Nominativ	Akkusativ	Akkusativ
ich	mich	mich
du	dich	dich
er	ihn	sich
es	es	sich
sie	sie	sich
wir	uns	uns
ihr	euch	euch
sie/Sie	sie/Sie	sich

Turbo duscht sich jeden Morgen.

▶ 11, 13 / G 28

33 Modalverben: *dürfen, müssen, mögen (möchten), können, wollen*

Infinitiv	dürfen	müssen	mögen (1)	mögen (2)	können	wollen
ich	**darf**	**muss**	**mag**	**möchte**	**kann**	**will**
du	**darfst**	**musst**	**magst**	**möchtest**	**kannst**	**willst**
er/es/sie	**darf**	**muss**	**mag**	**möchte**	**kann**	**will**
wir	**dürfen**	**müssen**	**mögen**	**möchten**	**können**	**wollen**
ihr	**dürft**	**müsst**	**mögt**	**möchtet**	**könnt**	**wollt**
sie/Sie	**dürfen**	**müssen**	**mögen**	**möchten**	**können**	**wollen**

▶ 11

34 Präteritum: *haben* und *sein*

Infinitiv	haben	sein
ich	**hatte**	**war**
du	**hattest**	**warst**
er/es/sie	**hatte**	**war**
wir	**hatten**	**waren**
ihr	**hattet**	**wart**
sie/Sie	**hatten**	**waren**

Wo warst du gestern?

Ich war in Jena.
Meine Oma hatte Geburtstag.

Alphabetical Word Index

In this list you'll find the words appearing in Units 1–15 from geni@l A1. Words from the reading texts (e.g. „Erste deutsche Medaille bei den Paralympics", p. 11) and the names of people, cities, and countries, etc. are not in the list.

You will find this information in the index:

Verbs: the infinitive, and with irregular verbs, the 3rd person singular form.
losfahren, er fährt los 80/4

Nouns: the word, the article, and the plural forms.
Foto, das, -s 6/1

Adjectives: the word and the irregular comparative forms.
gut, besser, am besten 8/3

Various meanings of one word: the word and examples.
machen (1) *(ein Plakat machen)* 15/14
machen (2) *(Spaß machen)* 16/18
machen (3) *(Musik machen)* 48/1

Stress: short vowel ● or long vowel _.
machen (1) *(ein Plakat machen)* 15/14
Arbeit (1), die, -en 37/4

Where you'll find this word: page and section number.
Lottozahl, die, -en 26/10

Bold typed words belong to your active vocabulary. You must learn these words.
Foto, das, -s 6/1

A list of the irregular verbs from geni@l A1 is on page 128.

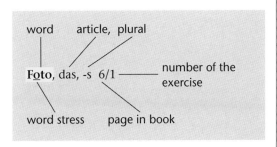

Abbreviations and symbols

"	Umlaut in the plural (nouns)
*, *	No comparative forms (adjectives)
Sg.	Only singular (nouns)
Pl.	Only plural (nouns)
(+ *A.*)	Preposition with accusative
(+ *D.*)	Preposition with dative
(+ *A./D.*)	Preposition with accusative or dative
Abk.	Abbreviation

ab (+ *D.*) 25/3 — from then, starting with
Abc, das *Sg.* 19/3 — abc
Abend, der, -e 8/3 — evening
Abendessen, das, – 84/1 — dinner
aber 37/4 — but
abfahren, er fährt ab 62/7 — to depart
abholen, er holt ab 40/17 — to pick up, to go and get
Ablehnung, die, -en 80/5 — rejection
abschließen, er schließt ab 57/8 — to close
abschreiben, er schreibt ab 45/11 — to copy
ach 15/17 — oh
Ach so! 15/17 — Oh yes!
achten (+ auf +*A.*) 15/12 — to pay attention (to)
Affe, der, -n 36/1 — monkey
AG, die, -s (= Arbeitsgemein-schaft, die, -en) 24 — study group, work group
ah 82/11 — oh
äh 50/6 — umm
aha 9/9 — aha, oh
Ahnung, die, -en 7/1 — idea

W

Akkusativ, der, -e 39/11	accusative
aktiv 60/1	active
Aktivität, die, -en 71/17	activity
Alphabet, das, -e 9/6	alphabet
all- *(Alle Schüler lernen Englisch.)* 25/3	all
allein 98/21	alone
als (1) *(besser als)* 52/14	than
als (2) *(Er arbeitet als Koch.)* 55/2	as
also 21/11	oh yes, so then
Also so was! 21/11	Such a thing! That's impossible!
alt, älter, am ältesten 12/1	old
Alter, das *Sg.* 17/22	age
am (= an dem) (+ *D.*) 25/3	on the, in the …
an (+ *A./D.*) 25/3	to, on …
ander- *(Übt die Dialoge mit anderen Namen.)* 8/4	other
ändern 51/10	to change
anders *(Was ist gleich? Was ist anders?)* 86/5	different
anfangen, er fängt an 43/4	to begin
Angabe, die, -n 85/2	given text, given information
Angebot, das, -e 81/6	offering
ankommen, er kommt an 81/8	to arrive
ankreuzen, er kreuzt an 23/16	to make a checkmark
Anlage, die, -n 52/14	installation, system
anmachen, er macht an 45/11	to turn on
Anrede, die, -n 28/22	form of address
Anrufbeantworter, der, – 46/16	telephone answering machine
anrufen, er ruft an 44/8	to telephone, to call up
Anrufer/Anruferin, der, – / die, -nen 61/4	caller on the telephone
ans (= an das) (+ *A.*) 55/2	on, on the, to the …
anschreiben, er schreibt an 45/13	to write
Antwort, die, -en 22	answer
antworten 30/3	to answer
anziehen, er zieht an 46/15	to put on
Appetit, der *Sg.* 66/1	appetite
Aquarium, das, Aquarien 21/10	aquarium
Arbeit (1), die, -en 37/4	work
Arbeit (2), die, -en *(Klassenarbeit)* 76/11	test (in school)
arbeiten 29/23	to work
Arbeitsblatt, das, "-er 93/9	worksheet
Arbeitsgemeinschaft, die, -en *(Abk.* AG, die, -s) 24	study group, work group
Arbeitsplatz, der, "-e 98/22	workplace
Architekt/Architektin, der, -en / die, -nen 87/10	architect
ärgern (+ sich) 86/8	to get angry
Arm, der, -e 55/2	arm
Artikel, der, – 20	article
Artikel-Gymnastik, die *Sg.* 32/8	article exercise game
auch 8/3	also
auf (+ *A./D.*) 8/3	on, on top of …
Auf Wiedersehen! 8/3	Goodbye!
aufbleiben, er bleibt auf 71/15	to stay up
auffallen, er fällt auf 38/9	to be noticeable
Aufgabe, die, -n 8/4	assignment
aufgeräumt 98/23	cleaned up
aufhören, er hört auf 44/8	to stop
aufmachen, er macht auf 45/13	to open
aufpassen, er passt auf 44/9	to pay attention, to watch out
Aufpasser/Aufpasserin, der, – / die, -nen 88/17	guard
aufräumen, er räumt auf 59/15	to clean up
aufschlagen, er schlägt auf 45/13	to open (a book)
aufstehen, er steht auf 32/9	to get up
aufwachen, er wacht auf 45/11	to wake up

aus (1) (+ D.) *(Das Foto ist aus Deutschland.)* 7/1	from, out of	**Bank** (1), die,"-e *(Sitzbank)* 46/14	bench
aus (2) *(Die Schule ist aus.)* 93/10	over	**Bank** (2), die, -en *(Geldinstitut)* 46/14	bank
aus sein, er ist aus 93/10	to be over	**Baseball** (1) *Sg.* ohne Artikel *(das Spiel)* 33/12	baseball
Ausflug, der, "-e 67/2	short trip	**Baseball** (2), der, "-e *(der Ball)* 64/16	baseball
Ausflugstag, der, -e 64/17	field trip day	Baseballkappe, die, -n 75/9	baseball cap
ausgehen, er geht aus 84/1	to go out	**Basketball** *Sg.* ohne Artikel *(das Spiel)* 24	basketball
ausmachen, er macht aus 57/8	to turn off, to shut off	basteln 48/1	to build, to construct
Ausrede, die, -n 70/12	excuse	**bauen** 52/14	to build
Aussage, die, -n 72/1	statement	**Bauer/Bäuerin**, der, -n / die, -nen 87/10	farmer
aussehen, er sieht aus 38/8	to look like	beantworten 29/24	to answer
Aussprache, die, -n 15	pronunciation	beeilen (+ sich) 57/8	to hurry
Aussprache-Plakat, das, -e 15/14	pronunciation poster	**beginnen**, er beginnt 25/3	to begin
aussprechen, er spricht aus 26/9	to pronounce	behalten, er behält 65/18	to remember
austragen, er trägt aus 95/12	to deliver to houses	**beide** 46/15	both
auswählen, er wählt aus 62/5	to select	**beim** (= bei dem) (+ D.) 35/19	with the, while
Ausweis, der, -e 81/9	identity card	**Beispiel**, das, -e 24	example
Auto, das, -s 20/4	car	Bekannte, der/die, -n 67/2	acquaintance
Automechaniker/ -mechanikerin, der, – / die, -nen 87/10	automobile mechanic	**bekommen**, er bekommt 77/11	to get
Baby, das, -s 55/2	baby	bellen 38/8	to bark
babysitten 68/7	to baby-sit	**Berg**, der, -e 78/1	mountain
Babysitter/-sitterin, der, – / die, -nen 88/17	babysitter	**Beruf**, der, -e 84	profession
		Beruferaten, das *Sg.* 87/15	guess the profession
backen, er bäckt/backt 87/14	to bake	berühmt 78/1	famous
Bäcker/Bäckerin, der, – / die, -nen 87/10	baker	beschreiben, er beschreibt 60/1	to describe
		besonders 16/20	especially
baden 70/12	to bathe	**Besserung**, die *Sg.* 66/1	recovery
Bahnhof, der, "-e 97/20	train station	**Beste**, der/das/die, -n 77/12	the best
bald 8/3	soon	bestimmt 21/9	definite
Ball, der, "-e 33/12	ball	Betonung, die, -en 64/13	accent, stress
Banane, die, -n 18	banana	betrachten 11/11	to observe, to look at
Band, die,-s *(Musik-Band)* 63/10	band	**Bett**, das, -en 70/12	bed
		Bewegung, die, -en 88/15	movement
		Bibliothek, die, -en 43/5	library
		Bier, das, -e 82/11	beer

Bild, das, -er 7/2	picture		**Cafeteria**, die, -s 25/3	cafeteria
bilden 30/3	to form, to build		**CD**, die, -s 19	CD
Billard, das *Sg.* 81/9	billards		CD-Laden,	CD shop
Bio *Sg.* ohne Artikel	biology		der, "– 94/11	
(*Abk. für das Schul-*			**CD-Spieler**,	CD player
fach Biologie) 33/14			der, – 45/11	
Biolehrer/Biolehrerin,	biology teacher		Chaos, das *Sg.* 65/19	chaos
der, – / die, -nen			Chef/Chefin, der, -s /	
24			die, -nen 72/1	chief, boss
Biologie, die *als*	biology		**Chemie** *Sg.* ohne	chemistry
Schulfach (Abk. Bio):			Artikel *(das*	
Sg. ohne Artikel 25/3			*Schulfach)* 25/4	
Biologielehrer/	biology teacher		Chemieraum,	chemistry room
-lehrerin, der, – /			der, "-e 72/1	
die, -nen 25/3			Chor, der, "-e 24	chorus
Biologieraum,	biology room		**Clique**, die, -n 9/7	clique, group of friends
der, "-e 33/13			Club, der, -s 52/14	club
bis 8/3	until		Cola, die, -s 53/16	cola
Bis bald! 8/3	See you soon!		Coladose, die, -n 75/9	cola can
bitte 9/7	please		Comic, der, -s 50/8	comic
Blatt, das, "-er 76/11	sheet of paper		**Computer**,	computer
blau 37/5	blue		der, – 21/10	
bleiben, er bleibt	to stay, to remain		Computerkurs,	computer course
40/17			der, -e 25/3	
Bleistift, der, -e 18	pencil		Computerraum,	computer lab
blöd 47/20	stupid		der, "-e 72/1	
Blume, die, -n 20/4	flower		Computerspezialist/	computer specialist
Boden, der, "– 75/9	floor		-spezialistin, der,	
Boss, der, -e 63/10	boss		-en / die, -nen 87/10	
boxen 12/3	to box		Computerspiel,	computer game
Bratwurst, die, "-e 55/2	bratwurst		das, -e 52/14	
brauchen 81/9	to need		cool 8/3	cool, in style
braun 37/5	brown		Cornflakes *Pl.* 85/3	cornflakes
Brief, der, -e 25/3	letter		Cousin/Cousine,	cousin
Briefkasten,	mail box *(Am.)*, letter box		die, -s / die, -n 54/1	
der, "-en 95/12			**da** (1) *(In der Schweiz,*	there
Briefmarke, die, -n 50/7	stamp		*da bin ich gern.)*	
Brille, die, -n 19	eye glasses		16/18	
bringen, er bringt	to bring		**da** (2) *(Wer ist da?)* 61/4	there
33/13			da sein, er ist da 83/14	to be there
Brot, das, -e 20/6	bread		Dackel, der, – 37/7	dachshund
Brötchen, das, – 57/8	roll		Dank, der *Sg.* 73/2	thanks
Bruder, der, "– 36/3	brother		**danke** 8/3	thank you, thanks
Buch, das, "-er 34/17	book		**dann** 27/18	then
Bücherratte, die, -n	book worm		daneben 55/2	next to it
40/15			Dativ der, -e 74/8	dative
buchstabieren 9/9	to spell		decken *(den Tisch*	to set, to cover
bunt 37/5	colorful		*decken)* 88/17	
Burg, die, -en 81/6	fortress		**denken**, er denkt 59/16	to think
Bus, der, -se 92/5	bus		denn 21/8	then *(flav.word)*
Busfahrer/-fahrerin,	bus driver		Designer/Designerin,	designer
der, – / die, -nen			der, – / die, -nen	
88/16			87/10	

Deutsch (2), das *Sg.* *(die Sprache)* 11/13	German
Deutsch (1) *Sg.* ohne Artikel *(das Schulfach)* 25/3	German
Deutschbuch, das, "-er 20/4	German book
Deutschland *Sg.* ohne Artikel 7/1	Germany
Dialog, der, -e 8/4	dialog
Dialogbaukasten, der, "– 43/5	dialog building blocks
Dialoggrafik, die, -en 43/4	dialog schematic
Diät, die, -en 46/17	diet
Dienstag, der, -e 25/3	Tuesday
diktieren 26/11	to dictate
Dinosaurier, der, – 33/12	dinosaur
direkt 81/6	direct
Direktor/Direktorin, der, Direktoren / die, Direktorinnen 24	director
Discman, der, -s/Discmen 18	discman
Disco, die, -s 43/5	disco
diskutieren 24/1	to discuss
DJ, der, -s (= Discjockey, der, -s) 95/15	DJ
doch 16/18	certainly
Döner, der, – 95/15	döner kebab
Donnerstag, der, -e 25/3	Thursday
Donnerwetter, das, – 77/12	stormy weather
dort 78/1	there
Dr. (= Doktor/Doktorin, der, Doktoren / die, Doktorinnen) 36/4	Dr.
draußen 40/17	outside
du-Form, die, -en 58/13	du form
durch (1) (+ A.) *(geteilt durch 3)* 53/17	by, through
durch (2) (+ A.) *(Lauft durch die Klasse …)* 93/9	through
dürfen, er darf 71/15	may, to be allowed to
duschen 84/1	to shower
€ (= Euro, siehe dort) 40/17	€ = Euro
E-Mail, die, -s 25/3	e-mail
E-Mail-Adresse, die, -n 77/12	e-mail address
echt 8/3	real, really
eigentlich 84/1	really, actually
ein bisschen 12/1	a little
einfach 69/8	simple
Eingang, der, "-e 24	entry
Einheit, die, -en 15/15	unit
einkaufen, kauft ein 70/14	to shop, to go shopping
einladen, er lädt ein 51/10	to invite
Einladung, die, -en 69/9	invitation
einmal 58/10	once
einsammeln, er sammelt ein 32/9	to collect
einschalten, er schaltet ein 85/3	to turn on
Eis, das *Sg.* *(Speiseeis)* 90/2	ice cream
Eisenbahn, die, -en 92/5	train
Eistee, der, -s 84/1	iced tea
Elefant, der, -en 20/4	elephant
Element, das, -e 92/7	element
Eltern *Pl.* 36/3	parents
endlich 83/14	finally
Endung, die, -en 13/5	ending
Englisch *Sg.* ohne Artikel *(das Schulfach)* 25/3	English
Englischbuch, das, "-er 18	English book
Enkel/Enkelin, der, – / die, -nen 54/1	grandchild
entscheiden, er entscheidet 95/16	to decide
Entschuldigung, die, -en 58/10	excuse
Erdgeschoss, das, -e *(österreichisch* Erdgeschoß, das, -e) 72/1	ground floor
erfinden, er erfindet 70/12	to discover
ergänzen 16/19	to complete
erkennen, er erkennt 87/13	to recognize
erklären 58/10	to explain
Ernst, der *Sg.* 88/17	seriousness

erst 84/1	first	Ferienpostkarte, die, -n 94/11	postcard from the vacation
erwachen 89/19	to wake up	**Fernsehen**, das *Sg.* 44/7	television
Erwachsene, der/die, -n 78/1	adult	**fernsehen**, er sieht fern 45/11	to watch television
erzählen 83/12	to tell, to narrate	**Fernseher**, der, – 21/10	television
es 27/13	it	**fertig** 30/1	ready
es gibt 24/2	there is, there are	**Fest**, das, -e 47/20	fest, festival, party
Essen, das, – 11/12	food, meal	Feuerwehr, die, -en 52/14	fire department
essen, er isst 30/1	to eat	**Fieber**, das *Sg.* 70/13	fever
etwas 51/10	something	**Film**, der, -e 11/12	film
Euro, der, -s, aber: 10 Euro (*Abk.* €) 88/17	Euro	filmen 12/1	to film, to make a film
		Filmstar, der, -s 14/8	movie star
Experte/Expertin, der, -n / die, -nen 72/1	expert	**finden** (1), er findet (*Die Infos findet ihr auf der Homepage.*) 25/3	to find
Experiment, das, -e 72/1	experiment		
Express-Strategie, die, -n 84/1	Express Strategy	**finden** (2), er findet (*Krimis finde ich am besten.*) 63/9	to find
Fach, das, "-er 25/3	school subject	**Fisch**, der, -e 21/11	fish
fahren, er fährt 16/18	to travel, to drive	Fischbrötchen, das, – 82/11	fish sandwich
Fahrkarte, die, -n 18	ticket	Fischmarkt, der, "-e 78/1	fish market
Fahrrad, das, "-er 21/8	bicycle	Fitnesstraining, das, -s 35/18	fitness training
Fahrradtour, die, -en 80/4	bicycle tour	Fliege, die, -n 36/1	fly
Familie, die, -n 54	family	**fliegen**, er fliegt 85/3	to fly
Familienfoto , das, -s 54/1	family photo	fließen, er fließt 79/1	to flow
Familienstunde, die, -n 84/1	family hour	Flipper, der, – 81/9	pinball machine
Fantasiebild, das, -er 20/4	fantasy picture	Flohmarkt, der, "-e 78/1	flea market
Fantasietag, der, -e 85/3	fantasy day	**Flöte**, die, -n 12/1	flute
Fantasiewoche, die, -n 85/3	fantasy week	Form, die, -en 38/9	form
fantastisch 16/20	fantastic	Formel-1-Spiel, das, -e 63/8	Formula 1 Game
farbig 20/4	colourful	Fotokurs, der, -e 24	photography course
fast 65/19	almost	formell 28/22	formal
faulenzen 48/1	to laze around	**Foto**, das, -s 6	photograph
Fax, das, -e 24	fax	**fotografieren** 12/1	to photograph
Federball *Sg.* ohne Artikel (*das Spiel*) 84/1	badminton	**Frage**, die, -n 16/19	question
		fragen 16/20	to ask, to question
fehlen 26/8	to be missing	**Französisch** *Sg.* ohne Artikel (*das Schulfach*) 25/3	French
Fehler, der, – 64/14	error, mistake		
feiern 47/20	to celebrate	**Frau**, die, -en 8/3	woman, wife, Mrs.
Fell, das, -e 37/7	fur, animal's hair	**frei** 80/4	free
Femininum, das, Feminina 38/9	feminine	freihaben, er hat frei (*Am Wochenende habe ich frei.*) 47/20	to have free, to be free
Fenster, das, – 21/11	window		
Ferien *Pl.* 49/5	vacation		

Freitag, der, -e 25/3	Friday	**gefallen**, er gefällt 98/22	to be pleasing to
Freitagmorgen, der, – 91/4	Friday morning	**Gegenstand**, der, "-e 19/1	object, thing
Freizeit, die, -en 48	free time	**Gegenvorschlag**, der, "-e 81/5	counterproposal
Fremdsprache, die, -n 60/2	foreign language	**gehen** (1), er geht (Wie geht's?) 8/3	to go
fressen, er frisst 60/1	to eat (animals)	**gehen** (2), er geht (Er geht in die Klasse 7a.) 12/1	to go
freuen (+ sich) 64/15	to be happy		
Freund/Freundin, der, -e / die, -nen 25/3	friend	**gehen** (3), er geht (Das geht.) 43/5	to go
freundlich 73/3	friendly	**gelb** 37/4	yellow
frisch 82/11	fresh	**Geld**, das, -er 23/18	money
Frisör/Frisörin, der, -e / die, -nen 87/10	hairdresser	**Geldbeutel**, der, – 19	wallet, change purse
		genau 68/7	exactly, precisely
froh 46/15	happy	**genial** 16/20	genial, friendly
Frühjahr, das, -e 93/10	spring	**geradeaus** 74/4	straight ahead
Frühling, der, -e 67/3	spring	**Geräusch**, das, -e 7/2	noise
Frühstück, das, -e 57/8	breakfast	**gern(e)**, lieber, am liebsten 12/1	gladly; to like to (when with a verb)
frühstücken 84/1	to eat breakfast		
Füller, der, – 18	fountain pen	**Gerüst**, das, -e 89/19	skeleton
fühlen 98/21	to feel	**Geschenk**, das, -e 67/2	gift
für (+ D.) 46/15	for		
Fuß, der, "-e 83/14	foot	**Geschichte** (1) Sg. ohne Artikel (das Schulfach) 25/4	history
Fußball, der Sg. (das Spiel) 12/1	soccer (Am.), football (Brit.)		
Fußballspiel, das, -e 44/7	soccer game (Am.), football game (Brit.)	**Geschichte** (2), die, -n (die „Story") 40/17	story
Fußballspieler/ Fußballspielerin, der, – / die, -nen 87/10	soccer player (Am.), football player (Brit.)	**Geschirrspülmaschine**, die, -n 88/17	dish washing machine
		geschlossen 42/1	closed
ganz (Atze ist ganz schwarz.) 37/4	completely, totally	**Geschwister** Pl. 54/1	siblings
		gestern 70/13	yesterday
ganz- (Mein Vater ist den ganzen Tag zu Hause.) 71/15	whole, complete	**gesund**, gesünder, am gesündesten 87/14	healthy
		geteilt (geteilt durch 3) 53/17	divided (by)
Gast, der, "-e 67/2	guest		
geben, er gibt 24/2	to give	**Gewerbezentrum**, das, -zentren 79/1	trade center
Gebiss, das, -e 89/19	teeth, dentures		
Geburtstag, -e 44/7	birthday	**Gitarre**, die, -n 12/1	guitar
Geburtstagskalender, der, – 67/3	birthday calendar	**Gitarrenunterricht**, der Sg. 91/4	guitar lessons
Geburtstagskarte, die, -n 94/11	birthday card	**glauben** 40/17	to believe
Geburtstagskind, das, -er 67/2	birthday child	**gleich** (1) (Es ist gleich 3 Uhr.) 46/15	just, right now, immediately
Geburtstagsparty, die, -s 67/2	birthday party	**gleich** (2) (Was ist gleich? Was ist anders?) 86/5	same, equal
Geburtstagsspiel, das, -e 67/2	birthday game	**Glück**, das Sg. 66/1	luck

Glückwunsch, der, "-e 66/1	wish of luck
Grad, der, -e 94/11	degree
Grafik, die, -en 43/4	graphic, schematic
Grafiker/Grafikerin, der, – / die, -nen 55/2	graphic artist
Grammatik, die, -en 40/15	grammar
Grammatiksprache, die, -n 97/20	language of grammar
grau 37/5	grey
groß, größer, am größten 26/12	big, tall
Großeltern Pl. 54/1	grandparents
Großmutter, die, "– 54/1	grandmother
Großstadt, die, "-e 78/1	large city
Großvater, der, "– 54/1	grandfather
grün 37/5	green
Gruß, der, "-e 25/3	greeting
gucken 82/11	to look at, to stare
gut, besser, am besten 8/3	good
Gute, das Sg. 66	good, best
Guten Abend! 8/3	Good evening!
Guten Morgen! 9/8	Good morning!
Guten Tag! 8/5	Hello!
Gymnasium, das, Gymnasien 12/1	college prep high school
ha, ha 92/ 5	ha, ha
Haar, das, -e 87/14	hair
haben, er hat 12/1	to have
Hafen, der, "– 78/1	harbor
Hafenrundfahrt, die, -en 80/4	harbor tour, tour of the port
halb 27/13	half, halfway to
Hallo! 8	Hello!, Hi!
Halsband, das, "-er 38/8	collar
Hamburger, der, – (eine Speise) 23/17	hamburger
Hamster, der, – 60/1	hamster
Handballtraining, das, -s 44/7	handball training
Handy, das, -s 19	cell phone (Am.), mobile phone (Brit.)
hängen, er hängt 75/9	to hang
hassen 37/4	to hate
Hauptstadt, die, "-e 78/1	capital
Haus, das, "-er 15/14	house
Hausaufgabe, die, -n 38/8	homework
Hausmeister/-meisterin, der, – / die, -nen 33/13	head custodian
he 73/2	heh!, hey!
Heft, das, -e 18	notebook
heißen, er heißt 8	to be called
helfen, er hilft 38/10	to help
Herbst, der, -e 67/3	fall
herkommen, er kommt her 77/12	to come over to
Herr, der, -en 8/3	gentleman, mister
herzlich 25/3	from the heart
heute 16/20	today
heute **Abend** 43/4	this evening, tonight
hey 57/8	hey
Hi! 8/3	Hi!
Hilfe, die, -n 83/14	help
Hilfe! 83/14	help!
hinfahren, er fährt hin 83/12	to travel there
hingehen, er geht hin 73/2	to go to
hinten 54/2	behind
hinter (+ A./D.) 74/7	behind
hier 8/3	here
Hobby, das, -s 12/1	hobby
hoch (die Treppe hoch) 73/2	high, (to go) up
Homepage, die, -s 24/2	homepage
hören 8/3	to hear
Hotel, das, -s 15/14	hotel
Hund, der, -e 21/11	dog
Hunger, der Sg. 82/11	hunger
Idee, die, -n 81/5	idea
ihr-Form, die, -en 58/13	ihr form
im (= in dem) (+ D.) 28/19	in, in the …
Imbissbude, die, -n 82/11	snack bar
immer 28/21	always
Imperativ, der, -e 58/13	imperative
in (+ A./D.) 12/1	in, in the …
Industriezentrum, das, -zentren 79/1	industrial center
Info, die, -s 25/3	information
Informatik, die Sg. 24	information technology

Information, die, -en 12	information
informieren 24/2	to inform
intelligent 14/8	intelligent
interessant 6/1	interesting
Interesse, das, -n 23/18	interest
interessieren 96/17	to interest
international 6	international
ins (= in das) (+ A.) 47/18	into
Insel, die, -n 78/1	island
Internet, das, -s 81/6	internet
Internetadresse, die, -n 96/17	internet address
Interview, das, -s 29/25	interview
Interviewspiel, das, -e 93/9	interview game
ja 8/3	yes
Ja-Antwort, die, -en 93/9	affirmative answer
Ja/Nein-Frage, die, -n 22	yes/no-question
Jahr, das, -e 12/1	year
Jazz, der *Sg.* 12/1	jazz
je 92/7	each
Jeans, die, – 46/15	jeans
jed- *(Jeder notiert drei Nomen.)* 32/9	every, everyone
jetzt 12/1	now
Job, der, -s 95/12	job
joggen 48/1	to jog
Judo *Sg.* ohne Artikel 24	judo
Jugendclub, der, -s 91/4	youth club
Jugendgruppe, die, -n 81/6	youth group
Jugendherberge, die, -n 81/6	youth hostel
Jugendherbergs- ausweis, der, -e 81/9	youth hostel card
Jugendliche, der/die, -n 67/2	youth, adolescent
Jugendzentrum, das, -zentren 90/2	youth center
Junge, der, -n 55/2	boy
Juni, der, -s 44/7	June
Kaffee, der, -s 16/20	coffee
Kakao, der, -s 53/16	cacao
Kalender, der, – 68/5	calendar
Kanarienvogel, der, "– 37/4	canary
Känguru, das, -s 39/14	kangaroo
Kaninchen, das, – 56/6	rabbit
kaputt 70/14	broken, destroyed
Karte, die, -n 33/14	card, ticket
Kassette, die, -n 18	cassette
Kasten, der, "- 51/10	box
Katze, die, -n 12/1	cat
kaufen 81/9	to buy
kennen, er kennt 10/10	to know
kein- *(Keine Ahnung!)* 7/1	no, not one, none
Ketchup, das, -s 82/11	ketchup
Keyboard, das, -s 75/9	keyboard
kg (= Kilogramm, das, –) 40/17	kg
Kind, das, -er 54/1	child
Kino, das, -s 21/10	movie theater
Kiosk, der, Kioske 84/1	kiosk, snack bar, newspaper stand
klappern 89/19	to rattle
klar 43/4	clear
klären 95/12	to explain
Klasse, die, -n 12/1	grade, class
klasse, *, * 81/5	super, great
Klassenarbeit, die, -en 76/11	in class test
Klassenzimmer, das, – 33/13	classroom
Klavier, das, -e 12/1	piano
Klavierunterricht, der *Sg.* 70/14	piano lessons
klein 40/17	small
klettern 78/1	to climb
klingeln 61/4	to ring
km (= Kilometer, der, –) 92/5	km
Koch/Köchin, der, "-e / die, -nen 55/2	cook, chef
kochen 12/1	to cook
komisch 77/12	strange, bizarre
kommen, er kommt 12/1	to come
Kommentar, der, -e 6	commentary
Kommissar/ Kommissarin, der, -e / die, -nen 38/8	police commissioner
Kompositum, das, Komposita 20/6	composite word
König/Königin, der, -e / die, -nen 71/15	king/queen
können, er kann 12/1	can, to be able to

kontrollieren 33/12	to control	Lederjacke, die, -n 46/15	leather jacket
konzentrieren 35/18	to concentrate	leer 88/17	empty
Konzert, das, -e 23/18	concert	leer machen 88/17	to empty
Kopf, der, "-e 60/1	head	**Lehrer/Lehrerin**, der, – / die, -nen 19/2	teacher
korrigieren 64/14	to correct		
kosten 37/4	to cost	Lehrerzimmer, das, – 72/1	teachers' room
Krabbe, die, -n 82/11	shrimp		
krank, kränker, am kränksten 70/12	sick	Lehrwerk, das, -e 97/19	textbook
		Leiche, die, -n 89/19	corpse
Krankenhaus, das, "-er 68/7	hospital	**leicht** 39/11	easy, light
		Leid, das Sg. (Auch: Es tut mir Leid.) 46/17	sorrow, grief, pain
Krimi, der, -s 63/9	detective story		
Kriminelle, der/die, -n 87/14	criminal	**leider** 43/5	unfortunately
		lernen 20/4	to learn
Krokodil, das, -e 39/14	crocodile	Lernen, das Sg. 98/22	learning
Kuchen, der, – 67/2	cake	Lernkärtchen, das, – 98/22	learning card
Kuh, die, "-e 36/1	cow		
kühl 94/11	cool	Lernkarte, die, -n 28/21	learning card
Kuli, der, -s (= Kugel-schreiber, der, -) 18	pen		
		Lernplakat, das, -e 11/12	learning poster
Kunst die, "-e, als Schulfach: Sg. ohne Artikel 25/3	art		
		Lerntipp, der, -s 20/4	learning tip
		Lernzeit, die, -en 98/22	study time
kurz, kürzer, am kürzesten 15/12	short		
		lesen, er liest 8/3	to read
lachen 51/10	to laugh	Lesestrategie, die, -n 17/22	reading strategy
Lampe, die, -n 33/12	lamp		
Land, das, "-er 17/22	country	**Leute** Pl. 14/10	people
Ländername, der, -n 15/12	name of a country	**lieb** 25/3	dear
		lieben 12/1	to love
Landeskundequiz, das, – 97/18	quiz about the history, geography and customs of a country	Lieblingsessen, das, – 71/15	favorite food
		Lieblingsfach, das, "-er 32/7	favorite school subject
Landkarte, die, -n 79/2	map	Lieblingsmusik, die, -en 45/11	favorite music
lang, länger, am längsten (ein langer Vokal) 15/12	long	Lieblingstier, das, -e 36/3	favorite animal
		Lied, das, -er 8/5	song
lange, länger, am längsten (Heute darf ich lange aufbleiben.) 71/15	long	**liegen** (1), er liegt (Bern liegt in der Schweiz.) 16/18	to be, to lie
		liegen (2), er liegt (Die Gitarre liegt auf dem Boden.) 75/9	to lie
langsam 28/22	slow, slowly		
langweilig 60/1	boring		
Laufdiktat, das, -e 93/8	running dictation		
		Lineal, das, -e 18	ruler, straightedge
laufen, er läuft 37/4	to run	**links** 54/2	left
laut 34/17	out loud		
leben (Der Elefant lebt in Afrika.) 60/1	to live	**Lippe**, die, -n 46/15	lip
		Liste, die, -n 38/9	list
Leben, das, – 84	life		
lecker 82/11	yummy, delicious		

Lottozahl, die, -en 26/10	lotto number
Lokomotive, die, -n 52/14	locomotive
los sein *(Was ist los?)* 46/15	to be happening, to be wrong
losfahren, er fährt los 80/4	to leave, to drive off
Lust, die *Sg.* 23/18	desire
lustig 92/5	funny
machen (1) *(ein Plakat machen)* 15/14	to do, to make
machen (2) *(Spaß machen)* 16/18	to have fun
machen (3) *(Musik machen)* 48/1	to play music
machen (4) *(Urlaub machen)* 78/1	to go on vacation
machen (5) *(Das macht 10 Euro.)* 82/11	That makes 10 Euro.
machen (6) *(Hausaufgaben machen)* 84/1	to do homework
Mädchen, das, – 17/22	girl
mähen 95/14	to mow
mal (1) *(Drei mal drei ist neun. / 3-mal, dreimal)* 26/10	times, multiplied (by)
mal (2) (= einmal) 59/16	time(s)
malen 48/1	to paint
Mama, die, -s 57/8	mama
man 81/6	one
manchmal 37/4	sometimes
Mann, der, "-er 54/1	man, husband
Mann! 83/14	Man oh man! Incredible!
Mäppchen, das, – 18	pen and pencil case
Marker, der, – 18	marker
markieren 15/13	to mark
Markierung, die, -en 15/12	marking
Maskulinum, das, Maskulina 39/11	masculin gender
Mathe *Sg.* ohne Artikel *(Abk. für das Schulfach Mathematik)* 33/14	math
Mathearbeit, die, -en 86/6	math test
Matheaufgabe, die, -n 45/11	math assignment
Mathenote, die, -n 52/15	math grade
Mathematik, die, -en 25/3	mathematics
Maus, die, "-e 37/6	mouse
Medium, das, Medien 48/2	communications media, mass-media
Meer, das, -e 55/2	sea, ocean
Meerschweinchen, das, – 60/1	guinea pig
mehr *(Ich kann nicht mehr!)* 83/14	(any) more
meistens 84/1	mostly, most of the time
melden 61/4	to announce
merken 39/11	to note, to record
Meter, der, – 26/12	meter
Millionenspiel, das, -e 97/18	Game for Millions
Minidialog, der, -e 43/5	mini-dialog
Minute, die, -n 28/19	minute
Missverständnis, das, -se 46	misunderstanding
Mist, der *Sg.* 23/17	mess
mit (+ *D.*) 8/4	with
mitbringen, er bringt mit 14/9	to bring with (along)
mitgehen, er geht mit 43/4	to go along, to go with
mitkommen, er kommt mit 23/18	to come along
mitsingen, er singt mit 16/20	to sing along
Mittagessen, das, – 81/9	lunch
Mittagspause, die, -n 25/3	mid-day break, pause
Mitte, die *Sg.* 54/2	middle
Mitternacht, die *Sg.* 89/19	midnight
Mittwoch, der, -e 25/3	Wednesday
mmmmh 82/11	mmmmh
Modalverb, das, -en 71/16	modal verb
Model, das, -s 87/10	model
Modelleisenbahn, die, -en 52/14	model trains
mögen, er mag 8/3	to like
Monat, der, -e 55/2	month
Mond(en)schein, der *Sg.* 89/19	moonlight
Montag, der, -e 25/3	Monday
morgen 43/6	tomorrow

Morgen, der, – 9/8	morning
morgens 88/16	in the morning
Motor, der, -en 21/8	motor
müde 70/14	tired
Müllcontainer, der, – 95/12	trash container
Museum, das, Museen 43/5	museum
Musik, die, -en 9/6	music
müssen, er muss 25/3	must, to have to
Mutter, die, "– 37/4	mother
na ja 88/17	oh well
nach (+ D.) 27/13	after, past
nach Hause 45/11	home
Nachbar/Nachbarin, der, -n / die, -nen 56/6	neighbour
Nachhilfe, die, -n 44/7	extra help, tutoring
Nachhilfeunterricht, der Sg. 47/20	tutoring
Nachmittag, der, -e 25/3	afternoon
Nachricht, die, -en 77/12	news
nachschlagen, er schlägt nach 45/13	to look up
nachsprechen, er spricht nach 15/16	to repeat
Nacht, die, "-e 81/8	night
nachts 60/1	by night
Nähe, die Sg. 96/17	vicinity
Name, der, -n 8/4	name
nass 46/15	wet
natürlich 16/20	naturally
neben (+ A./D.) 55/2	next to
nee 82/11	no
nehmen (1), er nimmt *(Er nimmt den Bus.)* 46/15	to take
nehmen (2), er nimmt *(Er nimmt ein Fischbrötchen.)* 82/11	to take
nein 7/1	no
Nein-Typ, der, -en 47/19	negative person, nay-sayer
nennen, er nennt 55/2	to name
nett 71/15	nice, caring
neu 33/11	new
nicht 16/18	not
nichts 29/25	nothing

noch 25/3	still
noch einmal 58/10	once again
Nomen, das, – 20	noun
Nominativ, der, -e 86/5	nominative
Norden, der Sg. 78/1	north
Nordosten, der Sg. 78/1	northeast
Nordwesten, der Sg. 78/1	northwest
normal 65/19	normal
Note, die, -n 77/11	grade
notieren 11/1	to note, to write down
Notiz, die, -en 33/11	note, notice
Nr. (= Nummer, die, -n) 54/2	no.
Nudelsalat, der, -e 69/10	pasta salad
Nummer, die, -n (*Abk.* Nr.) 28/20	number
nur 46/17	only
oder 16/20	or
öffnen 42/1	to open
oft, öfter, am öftesten 58/10	often
oh 8/3	oh
ohne (+ A.) 32/9	without
Oje! 38/8	Oh my!
o.k. (= okay) 43/4	o.k.
Oma, die, -s 54/1	grandma
Onkel, der, – 54/1	uncle
Opa, der, -s 54/1	grandpa
Orangensaft, der, "-e 85/3	orange juice
Orchester, das, – 24	orchestra
ordentlich 98/22	orderly
Ordinalzahl, die, -en 68/5	ordinal number
ordnen 28/20	to put in order
organisieren 98/22	to organize
Orientierung, die Sg. 74/4	orientation
Ort, der, -e 73/2	place
Osten, der Sg. 78/1	east
Ostern, das, – 66/1	Easter
Österreich Sg. ohne Artikel 7/1	Austria
Ostersonntag, der, -e 90/1	Easter Sunday
paar 84/1	a few
packen 84/1	to pack
Paddelboot, das, -e 8/5	canoe

Pantomime, die, -n 88/15	pantomime
Papa, der, -s 55/2	papa, dad, daddy
Papagei, der, -en 36/1	parrot
Park, der, -s 43/5	park
parken 92/5	to park
Parlament, das, -e 78/1	parliament
Partner/Partnerin, der, – / die, -nen 91/4	partner
Party, die, -s 44/7	party
passen 31/5	to fit, to go with
passend 32/9	fitting, appropriate
passieren 37/7	to happen
Pause, die, -n 27/18	break, recess
Pausenbrot, das, -e 19	snack for school
Pausenhof, der, "-e 33/13	school yard, courtyard
Person, die, -en 12/4	person
Personalpronomen, das, – 29/25	personal pronoun
Pferd, das, -e 36/1	horse
Pfingsten, das, – 80/4	Pentecost, Whitsuntide
Pfote, die, -n 37/7	paw
Physik die, -en, als Schulfach: Sg. ohne Artikel 25/3	physics
Pinguin, der, -e 36/1	penguin
Pilot/Pilotin, der, -en / die, -nen 87/10	pilot
Pizza, die, -s 14/8	pizza
Plan, der, "-e 65/19	plan
planen 80/4	to plan
plötzlich 92/5	suddenly
Plural, der, -e 28/19	plural
Pluralform, die, -en 28	plural form
Politiker/Politikerin, der, – / die, -nen 87/10	politician
Polizei, die Sg. 92/5	police
Polizist/Polizistin, der, -en / die, -nen 87/10	police officer
Pommes Pl. (= Pommes frites) 70/13	French fries
Pony, das, -s 37/4	pony
Position, die, -en 50/6	position
Post, die Sg. 95/12	post office
Poster, das, – 33/12	poster

Postkarte, die, -n 83/12	postcard
praktisch 81/6	practical
Präposition, die, -en 74/7	preposition
präsentieren 16/20	to present
Präteritum, das, Präterita 97/20	preterit, past tense
pro (+ A.) 67/2	pro
Problem, das, -e 20/4	problem
Projekt, das, -e 14/9	project
Pronomen, das, – 28/22	pronoun
PS (= Postskriptum, das, Postskripta) 94/11	PS
pünktlich 84/1	punctual, punctually
quatschen 72/1	to chat
Quiz, das, – 14/8	quiz
Rad (hier = Fahrrad), das, "-er 47/18	bicycle
Radfahren, das Sg. 64/14	bicycling
Radiergummi, der, -s 18	pencil eraser
Radio, das, -s 28/20	radio
Rap, der, -s 52/14	Rap
Rasen, der, – 95/14	lawn
raten 15/17	to guess
Rathaus, das, "-er 78/1	city hall
Ratte, die, -n 13/7	rat
Raum, der, "-e 81/9	room
rechts 54/2	right
Rechtsanwalt/ -anwältin, der, "-e / die, -nen 87/10	lawyer
reden 84/1	to talk, to discuss
Reflexivpronomen, das, – 86/7	reflexive pronoun
Regel, die, -n 20/7	rule
regelmäßig 13/6	regular
Regen, der Sg. 94/11	rain
Regierung, die, -en 78/1	government
regnen 46/15	to rain
Reihe, die, -n 26/8	row
Reihenfolge, die, -n 33/13	sequence
Reise, die, -n 66/1	trip, voyage
Reiten, das Sg. 64/14	horseback riding
Religion, die, -en 25/3	religion
rennen, er rennt 72/1	to run
reparieren 87/14	to repair

W

Restaurant, das, -s 87/14	restaurant
richtig 22/13	right
Richtige *Pl.* (im Lotto 6 Richtige haben) 26/10	the correct ones
Riesenrad, das, "-er 78/1	Ferris wheel
Rock, der *Sg.* (Rock-Musik) 29/25	rock music
Rock 'n' Roll, der *Sg.* 89/19	rock and roll
Rock-'n'-Roll-Sänger/ -Sängerin, der, – / die, -nen 97/20	rock and roll singer
Roller, der, – 48/1	scooter
rot, röter, am rötesten 37/5	red
Rucksack, der, "-e 33/12	backpack
Rückseite, die, -n 61/3	backside, reverse
Ruder, das, – 25/3	paddle, oar
Rudern, das *Sg.* 24	canoeing
rufen, er ruft 38/8	to call
runter (die Treppe runter) 73/2	down (the stairs)
runterwollen, er will runter 83/14	to want to go down
Sache, die, -n 65/19	thing
Safaripark, der, -s 48/1	safari park
sagen 16/20	to say
sammeln 11/12	to collect
Samstag, der, -e 25/3	Saturday
Samstagmorgen, der, – 91/4	Saturday morning
Sänger/Sängerin, der, – / die, -nen 14/8	singer
Satz, der, "-e 15/15	sentence
Satzanfang, der, "-e 40/16	sentence beginning
Satzbaukasten, der, "– 47/18	sentence building block
Satzklammer, die, -n 71/16	sentence clamp
Satzmelodie, die, -n 15	sentence intonation
sauer 92/5	sour, angry
saugen 88/17	to suck, to vacuum
Saxophon, das, -e 16/20	saxophone
Schachtel, die, -n 75/9	box
schade 43/5	too bad

Schauspieler/ -spielerin, der, – / die, -nen 87/10	actor/actress
scheinen, er scheint (Die Sonne scheint.) 78/1	to shine
schenken 86/6	to give
Schere, die, -n 18	scissors
Schiff, das, -e 80/4	ship
Schlafen, das *Sg.* 63/10	sleeping
schlafen, er schläft 81/6	to sleep
schlagen, er schlägt (Die Uhr schlägt zwölf.) 89/19	to hit, to strike
Schlange, die, -n 36/1	snake
schlecht (1) (Er ist schlecht in Mathe.) 77/12	bad
schlecht (2) (Mir ist schlecht!) 83/14	bad
schließen, er schließt 42/1	to close
Schloss, das, "-er (das Bauwerk) 81/6	castle
Schluss, der *Sg.* 27/18	end, stop
schmecken 53/16	to taste
Schnauze, die, -n 37/7	nose, snout
Schnüffel-Strategie, die, -n 84/1	Snoop Strategy
Schokolade, die, -n 18	chocolate
schon 28/22	already
schön 6/1	beautiful
schrecklich 47/20	terrible
schreiben, er schreibt 9/8	to write
Schreibmaschine, die, -n 21/10	typewriter
Schreiner/ Schreinerin, der, – / die, -nen 87/10	cabinet-maker
Schule, die, -n 9/8	school
Schüler/Schülerin, der, – / die, -nen 24	student, pupil
Schulfach, das, "-er 25/4	school subject
Schulferien *Pl.* 93/10	school vacation
schulfrei, *, * 25/3	no school, school free day
Schulhof, der, "-e 21/11	school yard

Schulklasse, die, -n 81/6	school class
Schulstunde, die, -n 28/19	class period
Schultag, der, -e 27/17	school day
Schultasche, die, -n 18	book bag
Schulwoche, die, -n 28/19	school week
Schulzeitung, die, -en 24	school newspaper
Schwanz, der, "-e 37/7	tail
schwarz, schwärzer, am schwärzesten 37/4	black
Schweiz, die Sg. 7/1	Switzerland
schwer 16/18	difficult
Schwester, die, -n 36/3	sister
Schwimmbad, das, "-er 48/1	swimming pool
schwimmen, er schwimmt 12/1	to swim
Schwimmen, das Sg. 24	swimming
schwitzen 72/1	to perspire, to sweat
See, der, -n 64/17	lake
segeln 78/1	to sail
sehen, er sieht, gesehen 49/1	to see
sehr 16/18	very
sein, er ist 6/1	to be
Seite, die, -n 31/4	page
Sekretariat, das, -e 72/1	main office
Sekunde, die, -n 28/19	second
selbst 21/12	self, myself, alone
selten 98/22	seldom, rarely
Sie-Form, die, -en 58/13	Sie form
Singen, das Sg. 63/10	singing
Singular, die, -e 28/20	singular
sitzen, er sitzt 55/2	to sit
Skateboard, das, -s 48/4	skateboard
skaten 43/5	to skate, to skateboard
Skaten, das Sg. 44/7	skating, skateboarding
Ski, der, -er/- 16/18	ski
so 13/5	so
Sofa, das, -s 33/12	sofa
sofort 77/12	immediately
Sohn, der, "-e 54/1	son
sollen, er soll 69/8	should, to be supposed to
Sommer, der, – 67/3	summer
Sommerferien Pl. 93/10	summer vacation
Sonne, die, -n 78/1	sun
Sonntag, der, -e 25/3	Sunday
Sonntagmorgen, der, – 49/5	Sunday morning
Sonntagnachmittag, der, -e 50/6	Sunday afternoon
sonst 82/11	otherwise
SOS-Strategie, die, -n 38/9	SOS Strategy
Sozialkunde, die Sg. 25/4	civics, social studies
Spaghetti Pl. 12/1	spaghetti
Spaß, der, "-e 15/14	fun
spät 27/13	late
später 40/17	later
spazieren gehen, er geht spazieren 64/17	to go for a walk
Spaziergang, der, "-e 46/14	walk
Spiel, das, -e 23/17	game
spielen (1) (Klavier spielen) 12/1	to play piano
spielen (2) (Spielt Minidialoge.) 59/16	to play out mini-dialogs
spielen (3) (Federball, Karten spielen) 84/1	to play badminton, cards
spielen (4) (mit dem Hund spielen) 88/17	to play with the dog
Spielmannszug, der, "-e 52/14	band
Spielregel, die, -n 97/18	rules of the game
Spielzeug, das, -e 21/10	toy
spitze, *, * 25/3	fantastic, super
Spitzer, der, – 18	pencil sharpener
Sport, der Sg. 11/12	sport
Sportart, die, -en 53/17	type of sport
Sporthalle, die, -n 72/1	gymnasium
Sportplatz, der, "-e 21/11	sports field
Sportschuh, de, -e 33/12	sport shoe
Sprache, die, -n 10/10	language
Sprachlupe, die, -n 28/20	language magnifying glass

sprechen, er spricht 9/7	to speak	**Tagesablauf,** der, "-e 84/1	course of the day
Stadion, das, Stadien 48/1/	stadium	**Tagesplan, der, "-e** 35/18	daily program
Stadt, die, "-e 12/2	town, city	**Tante, die, -n** 54/1	aunt
stark, stärker, am stärksten 14/8	strong	**Tanzen, das** *Sg.* 67/2	dancing
Statistik, die, -en 23/16	statistic	**tanzen** 89/19	to dance
Staub, der *Sg.* 95/14	dust	**Tasche, die, -n** 74/7	bag, book bag
Steak, das, -s 40/17	steak	**Tätigkeit, die, -en** 87/14	activity
stecken 95/13	to put, to stick	**Taufe, die, -n** 55/2	christening
stehen (1), er steht (*Das steht auf Seite 10.*) 31/4	to stand, to be	**Taxi, das, -s** 92/5	taxi
stehen (2), er steht (*Sibylle steht hinter Olli.*) 55/2	to stand	**Taxifahrer/-fahrerin,** der, – / die, -nen 87/10	taxi driver
Stichwort, das, "-er 47/19	key word, headword	**Teamwork,** das *Sg.* 53/17	team work
stimmen 22/14	to be correct, to be valid	**Technik, die, -en** 11/12	technology
Stock, der, – (*1. Stock, 2. Stock …*) (= **Stockwerk, das, -e**) 72/1	floor	**Techno, der** *Sg.* (*Techno-Musik*) 29/25	techno music
stopp 30/1	stop, halt	**Tee, der, -s** 16/20	tea
Straße, die, -n 24	street	**teilen** (*siehe auch* geteilt) 53/17	to divide
Strategie, die, -n 38/9	strategy	**Tel.** (= **Telefon,** das, -e) 24	telephone
Streber/Streberin, der, – / die, -nen 52/15	nerd, over-achiever	**Telefon, das, -e** (*Abk.* Tel.) 33/12	telephone
Stress, der *Sg.* 62/7	stress	**telefonieren** 14/8	to phone
Stuhl, der, "-e 74/7	chair	**Telefonnummer,** die, -n 26/11	telephone number
Stunde, die, -n 25/3	lesson, class period	**Tennis, das** *Sg.* 9/8	tennis
Stundenplan, der, "-e 25/3	class schedule	**Termin, der, -e** 68	appointment
suchen 15/15	to look for	**Terminkalender,** der, – 46/16	agenda, appointment calendar
Süden, der *Sg.* 78/1	south	**Test, der, -s** 44/7	test
Südosten, der *Sg.* 78/1	southeast	**testen** 40/15	to test
Südwesten, der *Sg.* 78/1	southwest	**teuer** 81/6	expensive
super, *, * 55/2	super	**Text, der, -e** 11/1	text
Super-Minikleid, das, -er 46/15	super mini-dress	**Theater, das,** – 78/1	theater
süß 60/1	sweet	**Thema, das, Themen** 18	theme, topic
System, das, -e 35	system	**Tier, das, -e** 12/1	animal
systematisieren 38/9	to systematize	**Tierarzt/-ärztin,** der, "-e / die, -nen 87/10	veterinarian
Tafel (1), die, -n (*die Schultafel*) 19/2	blackboard, chalkboard, whiteboard	**tierisch** 41	animal-like (*positive emphasis, really*)
Tafel (2), die, -n (*eine Tafel Schokolade*) 77/12	chocolate bar	**Tiername, der, -n** 39/14	animal name
Tag, der, -e 8/3	day	**Tiger, der,** – 39/14	tiger
Tag! 8/3	Hello!	**Tisch, der, -e** 33/12	table

tja 60/2 — well …
Tochter, die, "– 33/10 — daughter
T̲oi, t̲oi, t̲oi! 66/1 — Good job!
Toilętte, die, -n 72/1 — toilet, bathroom
toll 55/2 — fantastic
T̲on, der, "-e 7/2 — sound
tot̲al 70/14 — total
Tour̲ismus, der *Sg.* 94/11 — tourism
Tour̲ist/Tour̲istin, der, -en / die, -nen 98/23 — tourist
train̲ieren 27/16 — to train
transport̲ieren 87/14 — to transport
tręffen, er trįfft 49/5 — to meet
Tręffer, der, – 91/3 — goal, hit, win
tręnnbar 44/9 — separable
Tręppe, die, -n 73/2 — step, stairs
Trįnken, das *Sg.* 11/12 — drinking
trįnken, er trįnkt 53/16 — to drink
Trǫmmel, die, -n 75/9 — drum
Tsch̲au! 8/3 — Ciao!
Tschǜs! 8/3 — Bye!
Tür, die, -en 45/13 — door
Tųrnhose, die, -n 18 — gym shorts
typisch 87/13 — typical
üben 8/4 — to exercise, to practice
über (1) (+ A.) (*Die Schule hat über 1000 Schüler.*) 25/3 — more than, over
über (2) (+ A./D.) (*Sprecht über Tiere.*) 39/13 — about
übern̲achten 80/4 — to spend the night
Übern̲achtung, die, -en 96/17 — overnight stay
Übersętzung, die, -en 35/19 — translation
Uhr, die, -en 18 — clock, watch
Uhrzeit, die, -en 27 — time
ųm (+ A.) 27/16 — at
ųmgekehrt 84/1 — opposite, reverse
ųnbestimmt 21 — indefinite
ųnd 7/2 — and
ųnfreundlich 73/3 — unfriendly
ųngefähr 93/10 — circa, about
ųnglücklich 46/15 — unhappy
ųnmöglich 94/11 — impossible
ųnregelmäßig 13/6 — irregular
ųnter (+ A./D.) 74/7 — under

Ųnterricht, der *Sg.* 24 — instruction, lessons
Ųnterschrift, die, -en 93/9 — signature
unterwẹgs 83/14 — underway
Urlaub, der, -e 78/1 — vacation
usw. (= und so weiter) 78/1 — etc.
Variation, die, -en 73/3 — variation
variieren 82/11 — to vary
Vater, der, "– 16/20 — father
verabreden (+ sich) 62/6 — to make a date / appointment
Verabredung, die, -en 42/2 — appointment
Veranstaltung, die, -en 62/6 — event
Verb, das, -en 13/5 — verb
Verbendung, die, -en 29/25 — verb ending
Verbform, die, -en 35/19 — verb form
Verbstamm, der, "-e 13/5 — verb stem
verbinden, er verbindet 20/4 — to connect, to associate
vergęssen, er vergisst 57/8 — to forget
Vergęssen, das *Sg.* 65/18 — forgetting
Vergęssenskurve, die, -n 65/18 — forgetting curve
vergleichen, er vergleicht 12/2 — to compare
Verkäufer/Verkäuferin, die, – / die, -nen 82/11 — salesperson
Vern̲einung, die, -en 47/18 — negation
verstehen, er versteht 11/13 — to understand
Verwandte, der/die, -n 54/1 — relative
Video, das, -s 12/1 — video
Video-AG, die, -s 12/1 — video study group
viel, mehr, am meisten 37/4 — much
viel- (*Ich habe viele Hobbys.*) 12/1 — many
vielleicht 43/5 — perhaps
Viertel, das, – (*Auch: Es ist Viertel vor eins.*) 27/13 — quarter

W

Vogel, der ”- 36/2	bird
Vokabelheft, das, -e 18	vocabulary notebook
Vokal, der, -e 34/17	vowel
voll 83/12	full
Volleyball *Sg. ohne Artikel (das Spiel)* 24	volleyball
von (+ D.) 26	from
vor (+ A./D.) 27/13	before, to
vorbeikommen, er kommt vorbei 47/20	to come by
vorbereiten 92/7	to prepare
vorlesen, er liest vor 15/15	to read out loud
vorne 54/2	in front
Vorschlag, der, ”-e 80/5	proposal
vorschlagen, er schlägt vor 80/5	to propose, to suggest
vorspielen 45/13	to play for someone
vorstellen 13/4	to introduce
W-Frage, die, -n 16/19	interrogatives
Wald, der, ”-er 79/1	forest
Wand, die, “-e 75/9	wall
wandern 49/5	to hike
wann? 25/5	when?
warten (+ auf + A.) 46/15	to wait
was? (1) 6/1	what?
was (2) (= etwas) 21/11	something
wählen 25/3	to choose
Walkman, der, -men 92/5	walkman®
warum? 43/4	why?
waschen, er wäscht 95/14	to wash
Wasser, das, – 53/16	water
Wecker, der, – 85/3	alarm clock
# **Weg**, der, -e 92/5	path, street, way
weg 38/8	away, gone
weg sein, er ist weg 38/8	to be gone
weggehen, er geht weg 85/2	to go away
wehtun, er tut weh 83/14	to hurt
Weihnachten, das, – 66/1	Christmas
Weihnachtszeit, die, -en 52/14	Christmas time
weiß 37/6	white
weit *(Die Nordsee ist nicht weit!)* 78/1	far
weiter- *(Sammelt weitere Sätze.)* 58/11	further, farther, more
weiterfahren, er fährt weiter 92/5	to travel farther
weitergehen, er geht weiter 40/17	to go farther, to continue
welch- *(Welchen Film habt ihr am liebsten?)* 53/17	which
Weltkarte, die, -n 33/12	world map
wenn 84/1	when, if
wer? 6/1	who?
Werbung, die, -en 95/12	advertisement
Westen, der *Sg.* 78/1	west
Wetter, das, – 83/12	weather
wichtig 67/2	important
wie (2) *(Mache eine Liste wie im Beispiel.)* 23/16	as
Wie bitte? 9/7	Excuse me? What did you say?
Wie geht's? 8/3	How are you?
wie? (1) *(Wie heißt du?)* 8	how, what
wieder 47/20	again
wiederholen 15/17	to repeat
wiederkommen, er kommt wieder 68/7	to come back
Wiedersehen, das, – 8/3	seeing (someone) again
wild 37/4	wild
Winter, der, – 67/3	winter
wissen, er weiß 43/5	to know
Witz, der, -e 60/2	joke
wo? 12/3	where?
Woche, die, -n 84/1	week
Wochenende, das, -n 47/20	weekend
Wochenplan, der, ”-e 35/18	weekly program
woher? 12/3	from where?
wohin? 43/5	where to?
wohnen 12/1	to live
Wohnzimmer, das, – 88/17	living room
wollen, er will 46/15	to want to
Wort, das, ”-er/-e 6	word

Wortakzent, der, -e 9/8	accent
Wörter-Abc, das *Sg.* 19/3	ABC word game
Wörterbuch, das, "-er 18	dictionary
Wörterliste, die, -n 28/21	vocabulary / word list
Wörterverzeichnis, das, -se 51/10	glossary
Wunsch, der, "-e 66/1	wish
Würfelspiel, das, -e 40/16	dice game
Wurst, die, "-e 40/17	sausage
wütend 46/15	furious
z.B. (= zum Beispiel) 81/9	e.g.
Zahl, die, -en 26	number
Zahn, der, "-e 87/14	tooth
Zahnarzt/-ärztin, der, "-e / die, -nen 87/10	dentist
zeichnen 61/3	to draw
Zeichnung, die, -en 86/10	drawing
zeigen 19/1	to show
Zeile, die, -n 67/2	line
Zeit, die, -en 23/18	time
Zeitproblem, das, -e 65/19	time problems
Zeitung, die, -en 51/12	newspaper
Zeitungsnotiz, die, -en 11/1	newspaper article
Zettel, der, – 32/9	slip of paper
ziehen, er zieht 30/3	to pull
Zimmer, das, – 33/12	room
Zoo, der, -s 43/5	zoo

zu (1) (+ *D.*) *(Sucht Sätze zu den Wörtern.)* 15/15	to, at
zu (2) (+ *D.*) *(Nomen zu Fantasiebildern verbinden)* 20/4	to, at, with
zu Hause 52/14	at home
zu spät 65/19	too late
zu viel 37/4	too much
zu zweit 61/3	in twos, in pairs
Zucker, der, – 60/1	sugar
zuerst 27/18	first
zufrieden 98/21	satisfied, content
Zug, der, "-e 52/14	train
zuhören 9/8	to listen
zum (= zu dem) (+ *D.*) 23/18	to, at
zumachen, er macht zu 45/13	to close
zuordnen 14/10	to associate, to match, to put in order
zurückkommen, er kommt zurück 68/7	to come back
zusammen 83/12	together
zusammen sein, er ist zusammen 38/10	to be together
zusammengehören, sie gehören zusammen 68/7	to belong together
zusammenpassen, sie passen zusammen 7/2	to go together
zuschlagen, er schlägt zu 45/13	to close
Zustimmung, die, -en 80/5	agreement

Anhang

Anhang 1: Unregelmäßige Verben im Präsens

abfahren	er fährt ab	gefallen	er gefällt	schlagen	er schlägt
anfangen	er fängt an	helfen	er hilft	sein	er ist
auffallen	er fällt auf	hinfahren	er fährt hin	sprechen	er spricht
aufschlagen	er schlägt auf	können	er kann	treffen	er trifft
aussehen	er sieht aus	laufen	er läuft	vergessen	er vergisst
aussprechen	er spricht aus	lesen	er liest	vorlesen	er liest vor
austragen	er trägt aus	losfahren	er fährt los	vorschlagen	er schlägt vor
backen	er bäckt/backt	mögen	er mag	waschen	er wäscht
behalten	er behält	müssen	er muss	weiterfahren	er fährt weiter
essen	er isst	nachschlagen	er schlägt nach	wissen	er weiß
einladen	er lädt ein	nachsprechen	er spricht nach	wollen	er will
fernsehen	er sieht fern	nehmen	er nimmt	zuschlagen	er schlägt zu
fressen	er frisst	schlafen	er schläft		

Quellen

U 2   © Polyglott Verlag GmbH, München
S. 6/7   1/8 Rohrmann, 2 Süddeutsche Zeitung, 3 Sturm, 4 Tony Stone, 5 VW-Archiv, 6 White Star
S. 8   Süddeutsche Zeitung
S. 10   M./u. l. Rohrmann, u. r.: Scherling
S. 11   l.: dpa, München, r.: Jenoptik
S. 12/13   Daly (2)
S. 14   Mariotta (5)
S. 17   Mariotta
S. 18/19   Sturm
S. 21   Sturm
S. 22   Sturm (3)
S. 23   Sturm
S. 24   Kraß (3)
S. 26   Sturm
S. 27   Scherling Sturm
S. 29   © TOM, Cartoons / Comics, Tom Körner, Berlin
S. 30   Sturm
S. 33   Daly 2 Daly, 4 Scherling, 5/7 Rohrmann

S. 36   o.: 1/4/6 Funk, 2/7 Rohrmann, 3 Scherling, 5/8 Okapia u.: a/c Daly, b Funk
S. 41   o.: Sturm, M.: Koenig, u. l.: „Hunde&Katzen", Koch, Landsberg am Lech, u. r.: Sturm
S. 42   o.: Koenig, u. l.: Koenig, u. r.: Rohrmann
S. 43   Sturm
S. 48/49   1 Daly, 2 Rohrmann, 3 Koenig, 5/7 Sturm, 8 Scherling
S. 52   1–3 Daly
S. 54   A Archiv Bild & Ton, B/C Daly
S. 55   Daly
S. 56   v. l. n. r.: Daly (2), Sturm
S. 57   Daly
S. 61   Sturm
S. 62   o. Daly, M. v. l. n. r.: Sturm, Funk (2)
S. 63   Daly
S. 66   1 Scherling, 2/5 Daly, 4 Sturm, 6 Archiv: Bild & Ton
S. 67   Sturm

S. 69   Daly (3)
S. 71   Koenig (3)
S. 72   a/c Daly, b/d–i Sturm
S. 77   Rohrmann
S. 78/79   a/e/b IFA, f/g Funk, d Koenig, c Scherling, h Sulzer, i White Star
S. 80   Daly
S. 81   Deutsches Jugendherbergswerk, München
S. 82   o.: 1/3 Koenig, 2 White Star M./l.: Koenig, r.: Daly
S. 83   Koenig
S. 84   Daly (3)
S. 89   l./r. Daly, M. Busch
S. 89   Lied: F. Vahle © AKTIVE MUSIK Verlagsgesellschaft mbH, Dortmund
S. 93   Mariotta
S. 94   a Rohrmann, b Funk, c Koenig
S. 98   Funk